Der Bildungsstratege

Der Bildungsstratege

Mit Gegenwind zum Senkrechtstart

von

Recep Nurî Arbursu

FSC
www.fsc.org
MIX
Papier aus verantwortungsvollen Quellen
Paper from responsible sources
FSC® C105338

Bibliografische Information der Deutschen Nationalbibliothek:
Die Deutsche Nationalbibliothek verzeichnet diese Publikation in der Deutschen Nationalbibliografie; detaillierte bibliografische Daten sind im Internet über dnb.d-nb.de abrufbar.

Kontaktaufnahme für weitere Fragen:
LinkedIn: Recep Nuri Arbursu
Instagram: R.Nuri_Ar72

Umschlaggestaltung, Satz, Herstellung und Verlag:
BoD – Books on Demand, Norderstedt
ISBN: 978-3-7583-8202-4

Inhalt

Vorworte

Prof. Dr. Rüdiger Grube

Will man sich beweisen, will man seine eigenen Erfahrungen weitergeben oder will man Vorbild für andere sein?
Wenn jemand ein Buch über sich selbst scheibt, gibt es ganz unterschiedliche Triebfedern:
Für Nuri stehen die eigenen Erfahrungen und das Vorbildsein im Vordergrund. Als ich vor gut drei Jahren eine Art Mentorenschaft für das Reach Leadershipprogramm im Rahmen der Deutschlandstiftung Integration für Nuri Arbursu übernommen habe, wusste ich nicht genau, mit wem ich es eigentlich zu tun haben würde. Aber das hat sich sehr schnell geändert! Da ich selbst weiß, wie schwer der Aufstieg ist, kann ich nachvollziehen mit welchen Herausforderungen Nuri in seinem bisherigen Leben konfrontiert wurde.
Aufgewachsen als Kurde in Deutschland, in einer sozial sehr schwachen Gegend im Phönix-Viertel in Hamburg-Harburg mit ca. 80 Prozent Menschen mit Migrationshintergrund und alles andere als motivierend.
Umso mehr bin ich von einer Überraschung zur nächsten und im wahrsten Sinne des Wortes eines Besseren belehrt worden. Ich habe einen Menschen kennengelernt, der mich schier vom Hocker gerissen hat.
Sie werden sich fragen, warum?
Die Antwort ist ganz einfach.
Ich habe einen Menschen kennengelernt, der voller Energie ist, hochmotiviert und extrem zielorientiert.

Keiner hatte ihm den Abschluss am Gymnasium zugetraut, seine Lehrer haben ihm diese Fähigkeit abgesprochen, trotzdem hat er sich nicht beirren lassen. Er ist seinen Weg gegangen, hat sein Abitur entgegen der Lehrermeinung absolviert und anschließend sehr zielstrebig an sehr renommierten Universitäten in London und den USA studiert.

Er hatte ein Ziel! Und das war einfach zu siegen, etwas zu erreichen, was ihm keiner zugetraut hat.

Nicht nur seine Lehrer, sondern auch seine eigenen Eltern, für die er bis heute als Dolmetscher aktiv ist, waren sich nicht sicher. Er ist der Erste in der Familie, der studiert hat und heute auf einen sehr erfolgreichen Karriereweg zurückschauen kann. Er arbeitet heute im strategischen Einkauf von Airbus und träumt davon, als nächsten Schritt als Vorstands- bzw. Geschäftsführungsassistent zu arbeiten.

Er hat bisher eine Bilderbuch-Karriere hingelegt, von der viele lernen können, wie man sich durchbeißt und wie man immer wieder aufsteht, wenn man auch mal auf die Nase gefallen ist bzw. auch mal in eine Sackgasse gelaufen ist. Er ist für mich ein Mensch, der schon sehr früh zwei Dinge sehr gut verstanden hat: »Siegen beginnt im Kopf« und »Erfolg ist kein Schicksal«! Er hat im wahrsten Sinne des Wortes seine Ärmel hochgekrempelt und allen gezeigt und bewiesen: auch wenn man ganz unten startet, kann man es nach ganz oben schaffen. Auch wenn der Weg deutlich holpriger und steiniger verläuft, aber wenn man wie Nuri Arbursu den richtigen Biss hat und sich auf sein Ziel fokussiert und immer wieder auf das Ziel ausrichtet, kann man

vieles erreichen, was am Anfang des Aufstiegs als unerreichbar erscheint. Wenn ich den bisherigen Weg von Nuri sehe, habe ich mich immer wieder an meine eigene Lebenssituation zurückerinnert. Auch mir war vieles nicht in die Wiege gelegt worden: Bauernhof, Eltern geschieden, kein Abitur, gewerblich-technische Ausbildung, Studium und dann bis zum Vorstandsvorsitzenden hochgearbeitet. Nuri hatte es bisher eher noch schwieriger, aber ich bin mir sicher, wer es bis hierhergeschafft hat, der startet auch noch bis ganz oben durch. Für mich ist Nuri in der Zwischenzeit nicht nur ein junger Mensch, den ich auf seinem Weg begleiten darf, sondern er ist für mich ein Freund geworden. Darüber bin ich sehr stolz und es macht mich noch stolzer, dass Nuri die Kraft und Energie hatte, neben seinem beruflichen Engagement noch dieses sehr wertvolle Buch über seine Erfahrungen und Empfehlungen geschrieben hat.
Sein Buch bricht alle Klischees.
Ich habe größten Respekt vor diesem jungen Mann!

Prof. Dr. Rüdiger Grube
Multi Aufsichtsratsvorsitzender
HHLA, Vodafone Deutschland, Lazard, Alstom, EUREF AG, Vossloh AG
Vorstandsvorsitzender und Vorstandsmitglied
Deutsche Bahn AG, EADS (Airbus Group), Daimler, DASA
Ehrenprofessor
TUHH
DSI REACH Leadership Mentor

Oliver Haack

Als die Deutschlandstiftung Integration auf mich zukam, ob ich Nuris Mentor werden möchte, war ich gespannt, wer mir begegnet. Unser erstes Treffen war im Jahr 2018 in Hamburg. Nuri war zu dem Zeitpunkt dualer Student und es begegnete mir ein smarter Junge im auffällig karierten Anzug, der sehr viele Ziele und keinen Zweifel daran hatte, diese auch umzusetzen. Überzeugt hat mich nicht nur sein besonderer Tatendrang, sondern nicht zuletzt eine sehr differenzierte Diskussion über die Türkei, die Kurden und seine Sicht auf die deutsche Außenpolitik, die wir gleich am ersten Abend führten.

Mittlerweile begleite ich ihn seit 6 Jahren.

Er fragt nach meiner Einschätzung bei seinen wichtigen Entscheidungen und ich versuche, ihm mit Rat zur Seite zu stehen, aber (Rat) schläge zu vermeiden und dabei auch selbst von ihm zu lernen. Der Weg, den er geht, beeindruckt mich und es ist immer wieder eine inspirierende Begegnung, mit ihm über viele Themen zu sprechen. Er agiert auch als Multiplikator und versucht, in seinem Umfeld seine Erfahrungen weiterzugeben. Es ist schön zu sehen, wie er sich weiterentwickelt und reflektiert und ich dazu meinen Beitrag leisten kann.

Oliver Haack
Airbus Manager
DSI Mentor

Dr. Mareike Böger

Im Herbst 2019 war ich Teil des Auswahlgremiums in einem Assessment Center, in dem Airbus Studierende für die unternehmenseigene Studienförderung auswählt. Dieses Programm fördert Studierende finanziell, bietet ihnen aber vor allem auch die Möglichkeit, ein Netzwerk im Unternehmen aufzubauen und praktische Erfahrungen zu sammeln. Im Idealfall werden die Stipendiaten nach ihrem Abschluss natürlich auch im Unternehmen übernommen.

Nuri hatte sich bei uns beworben und kämpfte sich an diesem Tag gemeinsam mit anderen Studierenden durch Interviews und verschiedene Übungen. Seinem Lebenslauf hatten wir entnommen, dass er bereits verschiedene Stipendien in der Tasche hatte und so fragten wir etwas erstaunt, warum er sich zusätzlich auch noch bei Airbus um eine Förderung bewarb.

»Weil ich für Airbus arbeiten will. Für andere Stipendien wurde ich oft vorgeschlagen, aber für das hier brenne ich selbst«. Diese Offenheit und diese Begeisterung für die Luftfahrt überzeugten uns, wir nahmen Nuri in die Studienförderung auf und ich wurde seine Mentorin. In den kommenden Monaten führten wir zahlreiche Gespräche und ich versuchte, Nuri mit Rat und Tat zur Seite zu stehen.

Dann kam Corona. Als Nuri mit seinem Studium fertig war, waren wir mitten in der Pandemie und Airbus hatte einen Einstellungsstopp verhängt. Keine Chance auf einen direkten Einstieg. Gemeinsam überlegten wir, welche Alternativen es gibt

und was die Vor- und Nachteile verschiedener Optionen waren; Nuri hatte das Ziel, in der Luftfahrt zu arbeiten, immer noch vor Augen. Schließlich entschied sich Nuri für eine Promotion, wir hielten aber weiterhin Kontakt. Nach etwa einem Jahr ergab sich schließlich die langersehnte Möglichkeit, bei uns anzufangen und trotzdem parallel dazu die Promotion abzuschließen. Was kann man aus dieser Geschichte lernen? Wenn man für eine Sache wirklich brennt, kann man alles schaffen und auch andere überzeugen. Manchmal muss man Umwege gehen, dann erreicht man sein Ziel eben auf andere Art und Weise und vielleicht etwas später. Vermeintliche Rückschläge können am Ende sogar etwas Positives haben. Kontakte zu knüpfen und Beziehungen mit Menschen in verschiedenen Bereichen aufzubauen, ist extrem wichtig. All dies steht auch sinnbildlich für Nuris bisherigen Werdegang insgesamt, und davon handelt sein Buch.
Ich freue mich sehr, dass Nuri nun seine Erfahrungen mit anderen teilt und ich hoffe, dass das Buch vielen jungen Leuten Mut macht, ihren eigenen Weg zu gehen.

Dr. Mareike Böger
Airbus Managerin
Mentorin

William Germain

Die Einstellung von Nuri ist wahrscheinlich das Ergebnis meiner eigenen Neigungen.
Was habe ich gesehen, als ich Nuri zum ersten Mal interviewte: einen gut ausgebildeten jungen Mann mit internationalem Hintergrund, der alle Kriterien erfüllt, nach denen wir bei Airbus normalerweise suchen. Tatsächlich handelte es sich sogar um ein digitales Interview und Nuri befand sich zu diesem Zeitpunkt zufällig in Dubai. Er passte also perfekt in die Projektion meiner persönlichen Erfahrung und meines Hintergrunds.
Wir haben uns nicht auf eine Diskussion über seine frühen Jahre oder seinen Migrationshintergrund eingelassen. Er war ein junger Mann, der offensichtlich akademisch erfolgreich war, von einem meiner Kollegen empfohlen wurde, der ihn in den letzten Jahren betreut hatte, und er nahm an einem Stipendienprogramm von Airbus teil.
Daher fiel mir die Entscheidung sehr leicht: Sein Profil passte zu der Stelle, für die ich rekrutierte, und mehrere Leute vor mir hatten ihn bereits geprüft. Es konnte nichts schief gehen, es war keine riskante Entscheidung. In diesem einstündigen Interview wollte ich also nur ein paar Punkte bestätigen und herausfinden, ob die Chemie zwischen uns stimmte.
Was ich nicht gesehen habe, ist, was Nuri getan hat, um an diesen Punkt zu gelangen, und welche weiteren Ambitionen er für sich hatte. In diesem Buch werden Sie die Strategien, den

Antrieb und die Hingabe entdecken, die Nuri in die Definition und Erreichung seiner Ziele gesteckt hat.
Ich habe großes Glück, Nuri im Team zu haben. Seine positive Einstellung ist ansteckend und für viele von uns eine Inspiration. Zum Glück muss er noch ein paar Dinge lernen und ich hoffe, wir können ihm helfen, weiter zu wachsen. Ich freue mich auf unsere Zusammenarbeit und darauf, dass er sich im Unternehmen weiterentwickelt.

William Germain
Airbus Manager
Vorgesetzter

Interview zwischen Prof. Dr. Rüdiger Grube und Recep Nurî Arbursu

Das persönliche Gespräch zwischen Mentee und Mentor

Rüdiger Grube und Nuri Arbursu haben vieles gemeinsam, aber eines ist ganz besonders, was sie persönlich verbindet. Der eine ist auf dem Bauernhof groß geworden, Eltern haben sich früh getrennt und er musste sich im wahrsten Sinne des Wortes im Leben durchkämpfen. Viele Medien haben getitelt »Vom Hauptschüler zum Vorstandsvorsitzenden der Deutschen Bahn und Aufsichtsratsvorsitzenden bekannter internationaler Unternehmen oder vom »Tellerwäscher zum Millionär«.
Nuri Arbursu ist in Hamburg geboren, seine Eltern sind als kurdische Einwanderer nach Deutschland gekommen, aufgewachsen in einer Mischkultur, zuhause kurdisch und in der Schule deutsch. Eltern beherrschten nicht die deutsche Sprache, wohnten im Arbeiterviertel im Süden Hamburgs und Nuri wurde in seiner Schulzeit immer wieder mit diskriminierenden Situationen in der Schule konfrontiert. Aber auch er hat sich durchgekämpft, sein Abitur hervorragend absolviert, in London, Indiana und Hamburg erfolgreich studiert und arbeitet heute im strategischen Einkauf des sehr erfolgreichen Unternehmens Airbus und ist Dozent.

Prof. Dr. Grube: Lieber Nuri, erzähl mal, wie hast Du Dein Leben als Kind einer kurdischen Familie in Deutschland und insbesondere an deutschen Schulen erlebt? Gibt es bestimmte Schlüsselerlebnisse, die Dich geschockt oder auch traurig gemacht haben?

Nurî: *Ja, ich kann mich erinnern, dass ich in der Grundschule, der einzige mit Migrationshintergrund war und ich passiv ausgeschlossen wurde. Besonders erinnere ich mich an Geburtstage, denn damals haben meine Mitschüler sich alle gegenseitig zum Geburtstag eingeladen, nur mich nicht. Das hat mich damals schon sehr traurig gemacht, denn ich verstand nicht, warum ich ausgeschlossen wurde*
Es gab Schlüsselmomente, wie das erste Erfolgserlebnis, worauf ich bauen konnte. Das war dieser Moment ich kann doch etwas es stimmt nicht immer was andere sagen.

Prof. Dr. Grube: Wie haben Deine Eltern Dich auf Deinem Weg begleitet?

Nurî: *Meine Eltern konnten mich finanziell und inhaltlich nie unterstützen, dafür haben sie mir seelisch und emotional meinen Rücken gestärkt. Dafür bin ich ihnen sehr dankbar.*

Prof. Dr. Grube: Du hast bisher einen unglaublich tollen Weg geschafft, woher hast Du die Energie und die Kraft genommen?

Nurî: *Wenn man von ganz unten kommt und bei null anfangen muss, hat man oft Schwierigkeiten erstmal Anschluss zu finden und sich ohne Kompass zu bewegen. Die Sehnsucht meiner Familie und Freunden ein gutes Leben in Wohlstand bieten zu können und als zweite Generation einer Einwandererfamilie etwas aufzubauen, motiviert mich bis heute.*

Prof. Dr. Grube: Was würdest Du sagen, was Dich am stärksten geformt hat?

Nurî: *Meine Rückschläge und der Mut, immer wieder aufzustehen und weiterzumachen. Man entwickelt dabei eine Frustrationstoleranz und eine innere Ruhe, die einen sehr weit bringt.*

Prof. Dr. Grube: Was sind Deine Werte und was ist Dein Lebensmotto?

Nurî: *Meine Werte sind Integrität, Leistungsbereitschaft, Ausgleich und Qualität. Ich habe mir immer als Lebensmotto vor Augen gehalten »Auch ein Flugzeug hebt gegen den Wind ab«.*

Prof. Dr. Grube: Erlebst Du immer noch diskriminierende Momente, oder sind derartige Erlebnisse mit fortgeschrittener Bildung weniger geworden?

Nurî: *Ich habe nie offen über meine Diskriminierungserfahrungen gesprochen, weil ich den Eindruck hatte, dass es als Schwäche angesehen wird und man auf die Tränendrüse drückt.*

Ich erlebe es teilweise bei Freunden von mir, die ebenfalls eine Migrationsgeschichte haben, aber bei mir selbst immer seltener. Die Erfahrungen werden seltener, wenn man einen bestimmten sozialen Status erreicht.

Prof. Dr. Grube: Was hat Dich motiviert, ein eigenes Buch über Dein bisheriges Leben mit Empfehlungen an gleichgesinnte und aufstrebenden Menschen zu schreiben?

Nurî: *Es gab eine große Nachfrage nach meinen TV und Podcast Auftritten von Personen, mit einer ähnlichen Ausgangslage. Diesen potenziellen Aufsteigern möchte ich helfen ihr Leben in Würde zu führen und mit Stolz zu füllen. Außerdem hilft es uns als Gesellschaft sehr, die richtigen Personen für die richtigen Stellen zu gewinnen.*

Prof. Dr. Grube: Würdest du Deinen Weg so nochmal gehen, oder was würdest Du heute anders machen?

Nurî: *Ich würde alles genauso machen, wie ich es gemacht habe. Ich würde nur noch eine weitere Sprache während des Studiums lernen.*

Prof. Dr. Grube: Hast Du heute das Gefühl, dass Du nun endlich in Deinem Wunschleben angekommen bist, oder was hast Du Dir noch vorgenommen? Was sind Deine weiteren Lebensziele? Was möchtest Du noch erreichen?

Nurî: *Nein, das habe ich noch nicht erreicht. Ich befinde mich auf einem guten Weg und möchte in Wohlstand leben. Dabei möchte ich meiner Familie etwas bieten können nämlich auch ein Leben in Würde und Wohlstand.*

Prof. Dr. Grube: Was hast du aus eigener Erfahrung heute an Empfehlungen an die deutsche Bildungspolitik geben? Wie könnte die Integration von Menschen mit Migrationshintergrund in der Schule erfolgreicher gestaltet werden?

Nurî: *Ich gehe bereits mit dem Verein Integreater e-V. an Schulen, an denen wir mit unserer Lebensbiografie Schüler mit Migrationshintergrund empowern und ihnen Wege zum Erfolg aufzeigen. Die Schulen müssen die Startbedingungen und Ausgangslage vieler Schüler stärker berücksichtigen, da der Bildungserfolg immer noch stark von der sozialen Herkunft abhängig ist. Dazu gehört auch Persönlichkeitsarbeit, die ich neben anderen Faktoren besonders stark in meinem Buch betone*

Prof. Dr. Grube: Wir beide haben uns über die Stiftung *»Deutschlandstiftung Integration«* kennengelernt. Seit drei Jahren begleite ich Dich als Mentor. Würdest Du dieses Konzept weiterempfehlen?

Nurî: *Ja auf jeden Fall, ich bin dir, der Deutschlandstiftung Integration sehr dankbar. Dich als meinen Mentor zu haben ist für mich mehr als wertvoll, da du mir in vielen Themen die möglichen Richtungen und Wege öffnest und aufzeigst. Es ist wahrscheinlich auch das klassische Glück, von den vielen reden. Den Kompass, den du mir gibst, entwickelt mich immer wieder weiter. Jedes einzelne Gespräch mit dir hat mir bis jetzt immer wieder die Augen geöffnet und ich habe durch deine erfolgreichen Erfahrungen viel gelernt. Das werde ich nie vergessen und immer wertschätzen, danke.*

Prof. Dr. Grube: Kommen wir zum Schluss! Was möchtest Du jungen Menschen, die sich in einer ähnlichen Welt bzw. in einem Leben befinden wie du, mit auf den Weg geben?

Nurî: *Durchhaltevermögen! Kämpft und traut euch Großes zu! Macht immer weiter, vernetzt euch und nehmt Rückschläge als Entwicklungsmaßnahmen..*

Prof. Dr. Grube: Vielen Dank!

Hamburg, Frühjahr 2024

1. Einleitung

Rein statistisch gesehen hätte ich dieses Buch nie schreiben sollen. Als meine kurdischen Eltern 1989 nach Deutschland einwanderten, hätten sie wahrscheinlich selbst nicht vorausgesagt, dass ihr Sohn eines Tages mal ein Buch schreibt. Wahrscheinlich wäre es ihnen auch schwergefallen, vorauszusagen, dass ihr Sohn im Jahr 2023 neben seinen Tätigkeiten als strategischer Project Manager bei Airbus und Dozent, auch noch an der Helmut-Schmidt-Universität promoviert. Und ganz ehrlich: Wer könnte ihnen das übelnehmen? Wie soll es ein kurdischer Junge aus dem Hamburger Süden auch so weit nach oben schaffen und das in einem Land, in dem der Bildungserfolg maßgeblich von der sozialen Herkunft abhängt? Und mit dem Bildungserfolg geht in der Regel auch Wohlstand einher. Meine Eltern sind aber keine Akademiker. Schaut man auf die Statistiken zum Bildungserfolg, hätte ich mich schon mit einem Realabschluss glücklich schätzen sollen. Denn dann hätte ich eine Ausbildung absolvieren können, um dann heutzutage als qualifizierter Facharbeiter eine etwas bessere Stellung als meine Eltern zu haben. Das wäre ein typischer Weg für den Sohn von eingewanderten Nichtakademikern. Aber eben nicht meiner. Doch dazu später mehr.

Denn die Zahlen sprechen für sich. Laut dem renommierten Bildungswissenschaftler El-Mafaalani lässt sich das deutsche

Bildungssystem wie ein Trichter betrachten, der an jedem Übergang manche Menschen aussiebt[1]. Wer ausgesiebt wird, hängt sehr stark von der sozialen Herkunft ab, die wiederum stark vom Bildungsniveau und der beruflichen Qualifikation der Eltern abhängt. Die Verteilung zeigt folgender Vergleich, der auch in dem Buch von Aladin El-Mafaalani zu finden ist: Von 100 Akademikerkindern machen 79 eine akademische Ausbildung, d.h. sie studieren. Von 100 Kindern aus Haushalten mit Facharbeitern mit Abitur machen 48 Kinder eine akademische Ausbildung. Von 100 Nichtakademikerkindern machen aber bloß 27 eine akademische Ausbildung. Von 100 Kindern aus Haushalten ohne beruflichen Abschluss machen 12 eine akademische Ausbildung. Dieser Vergleich zeigt eindeutig, dass die Schere in jeder Bildungsetappe immer weiter auseinander geht. Das zeigt am deutlichsten die Statistik zur Promotion, dem höchsten und damit elitärsten akademischen Abschluss: Von den 100 Akademikerkindern erreichen zehn die Promotion. Von den 100 Nichtakademikerkindern erlangt statistisch gesehen nur eins die Promotion. Das sollte man sich mal auf der Zunge zergehen lassen. Man könnte es exemplarisch auch so sehen: von 100 Kindern aus meinem Arbeiter-Migrantenviertel Hamburg-Harburg promoviert statistisch gesehen maximal eins, während die Kinder aus den Elbvororten eine zehn Mal größere Wahrscheinlichkeit haben zu promovieren. Von Chancengleichheit kann da eigentlich keine Rede sein. Denn, auch das ist wissenschaftlich belegt, Kinder

---

1 Siehe Aladin El-Mafaalani: Mythos Bildung (2020, Seite 66).

aus den Elbvororten und anderen wohlhabenden Gegenden sind nicht intelligenter als ihre Mitschüler aus Hamburg-Harburg und anderen vergleichbaren Gegenden in Deutschland. Laut der PISA-Studie aus dem Jahr 2022 hat sich dieser Effekt sogar noch verstärkt: Die soziale Herkunft prägt den Bildungsstand und die Leistungen zwischen der sozialen Ober- und Unterschicht gehen immer weiter auseinander[2].

Und wenn man sich meinen Bildungsweg anschaut, hätte er sich fast genauso abgespielt, wie ihn die Statistik beschreibt. Ich ging als eine der wenigen Kinder mit Migrationsgeschichte auf eine Grundschule, an der fast ausschließlich Akademikerkinder und weiße Kinder aus der Mittelschicht lernten. Während die anderen Kinder nachmittags Klavier und Geige lernten, übersetzte ich Behördenbriefe für meine Eltern und das, obwohl mein Deutsch auch noch nicht so gut war. Ich kam aus einem prekären Umfeld und konnte mit meinen Mitschülern aus Bildungshaushalten in der Schule kaum mithalten. Ich bekam am Ende der 4. Klasse keine Gymnasialempfehlung und ging erstmal auf eine Realschule. Dort merkte ich schnell, dass ich verglichen mit den anderen Schülern und Schülerinnen dort, die meisten davon auch Kids mit Migrationsgeschichte, überdurchschnittlich gut war. Der Wendepunkt kam dann in der 8. Klasse. In diesem Jahr bekam ich das START Stipendium der Hertie-Stiftung und tankte eine ganze Menge Selbstbewusstsein. Meine Noten wurden immer besser und ich stach schnell als einer der leistungsstärksten Schüler heraus.

---

[2] Vgl. PISA 2022 (OECD)

Ich schaffte dann den Sprung auf ein Gymnasium. Ich wurde immer selbstständiger, auch weil meine Eltern mich besonders in der Oberstufe nicht unterstützen konnten. Trotzdem war mir spätestens nach diesem kleinen Aufstieg klar: Ich will es bis ganz nach oben schaffen. Gleichzeitig wurde mir immer bewusster, dass die ungleichen Startbedingungen mich mein ganzes Leben lang verfolgen werden. Viele meiner Mitschüler wurden von ihren Familien sehr stark in ihrem Bildungsweg unterstützt oder hatten in ihren Familien eben Vorbilder mit akademischen Laufbahnen, an denen sie sich orientieren konnten. Ich hatte das zwar nicht, aber ich fand immer wieder wertvolle Mentoren, die mir diese Orientierung gegeben haben.

Aber ich möchte in diesem Buch nicht darüber klagen, dass die Welt so ist, wie sie ist. Denn selbstverständlich haben die ungleichen Startbedingungen viele verschiedene Gründe. Kinder aus wohlhabenden Familien sind besser vernetzt, haben mehr und bessere Ressourcen für ihre Bildung und werden von ihrem Umfeld auch öfter in ihrer akademischen Ausbildung bestärkt. Natürlich ist das Bild auch nicht so schwarz und weiß, wie ich es vorhin mit dem Vergleich zwischen Harburg und Blankenese suggeriert habe. Alle Stadtviertel sind zu einem gewissen Grad heterogen und die Kinder in wohlhabenden Gegenden haben es nicht unbedingt immer leichter. Es geht mir hier auch nicht so sehr um die Migrationsgeschichte, sondern um die soziale Herkunft[3]. Und da steht fest: alle Kinder aus Arbeiterhaushalten

---

[3] Soziale Herkunft wird durch ökonomische, soziale und kulturelle Faktoren wie das Bildungsniveau und Einkommen der Eltern sowie kulturelle Praktiken der Familie definiert. Sie beeinflusst maßgeblich den Bildungserfolg und somit die Chancen im Erwerbsleben

haben es schwer und nicht nur die mit Migrationsgeschichte.

Genau deswegen möchte ich mit diesem Buch zeigen, wie ich es geschafft habe trotz dieser vielen Hürden eine erfolgreiche Bildungs- und Berufskarriere einzuschlagen. Der Bildungsaufstieg liegt mir am Herzen und das wissen die Leute auch. Immer wieder erreichen mich Anfragen von TV-Sendern, YouTubern, Podcastern, Unternehmen und Universitäten zu genau diesem Thema. Die Resonanz ist gewaltig und manchmal auch bedrückend, denn viele Menschen kontaktieren mich, weil sie nicht glauben, dass auch sie diesen Bildungsaufstieg schaffen können.

Das war einer der Hauptgründe, das vorliegende Buch zu verfassen. Wir, also Bildungsaufsteiger von gestern, heute und morgen können und müssen dabei voneinander lernen. Ich möchte hier meinen Weg anbieten, um ein paar der wichtigsten Bereiche abzudecken, die für den eigenen Bildungsaufstieg notwendig und förderlich sind. Im Laufe meines beruflichen und akademischen Werdegangs sind mir sehr viele Hürden begegnet, die ich aufarbeiten möchte, da wir alle davon lernen können. Spätestens nach meinem Interview bei Hamburg 1, in dem ich über meinen Lebensweg vom Einwandererkind hin zum LSE Graduate berichtet habe, war mir klar, dass ich mein gesammeltes Wissen als Buch zur Verfügung stellen möchte. Mich erreichten nach dem Interview viele Nachrichten voller Zuspruch, aber auch Fragen und Sorgen. Dabei ist mir aufgefallen, dass sich die

---

und die gesellschaftliche Position (vgl. BPB: Informationen zur politischen Bildung Nr. 354/2023).

Fragen immer um ganz bestimmte Kernthemen drehen. Welche Universität ist für meinen Studiengang am besten? Wie komme ich an das Stipendium? Wie bereite ich mich am besten auf mein Auswahlverfahren vor? Macht ein duales Studium Sinn? Wie plane ich ein Auslandssemester? Wie ist es, alleine zu wohnen? All diese und noch mehr Fragen werden nun in den verschiedenen Kapiteln systematisch geklärt. Für uns Bildungsaufsteiger gibt es bisher eigentlich keine passende Literatur mit praktischen Strategien und Empfehlungen. Und so entschied ich mich, neben meinen anderen Tätigkeiten, mein Wissen auch zu verschriftlichen. Doch nun erstmal zu mir.

Ich bin Recep Nurî Arbursu und habe in dualer Form Business Administration bei der Aurubis AG an der Hamburg School of Business Administration studiert. Später habe ich meinen Master in Management, Information Systems and Digital Innovation an den renommierten Universitäten der *London School of Economics* und mit Kursen an der *University of Oxford* abgeschlossen. In all diesen Etappen habe ich wertvolle Lektionen gelernt, die auch für andere Bildungsaufsteiger wichtig sind. Die nächsten elf Kapitel nehmen euch also mit auf eine Reise durch mein Leben als Bildungsaufsteiger. Dabei zeige ich euch verschiedene Strategien, Tipps und Lösungen, die mir und meinen Kollegen immer wieder geholfen haben. Als mehrfacher Stipendiat, Coach und Dozent habe ich mir in den letzten Jahren ein starkes Netzwerk an kompetenten Menschen erarbeitet, von denen viele diesen Bildungsaufstieg geschafft haben. Ich biete euch also unseren gesammelten Erfahrungsschatz an, damit wir gemeinsam die oben genannten Statistiken endlich verbessern können. Ich habe langjährige Erfahrung darin, in privilegierten Umfeldern immer in der Minderheit zu sein und trotzdem dazu zu gehören. Sowohl auf der Business School als auch bei den großen Konzernen bin ich oft einer der wenigen Mitarbeiter mit internationaler Migrationsbiografie. Darüber hinaus habe ich eine Reihe von renommierten Stipendien erhalten, deren Auswahlverfahren äußerst selektiv waren. Als Dozent und Coach habe ich schon über 100 Leuten geholfen, ihr Traumstudium oder ihr Traumstipendium zu bekommen. Meinen eigenen Master an der LSE (gehört zu den UK G5 Elite Unis) habe ich teils über Stipendien und teils selbst finanziert und weiß, wie wichtig die finanzielle Sicherheit dabei ist.

Ich denke bei diesem Buch besonders an junge, ambitionierte Menschen, die, auch wenn sie oft hier geboren sind, immer noch mit vielen Nachteilen zu kämpfen haben. Wir sind oft auch durch die Erfahrung unserer Großeltern und Eltern geprägt, die es in der Regel schwer gehabt haben: Sprachbarrieren, unsicherer Aufenthaltsstatus, Arbeitslosigkeit, Ausbeutung, Diskriminierung, Rassismus und auch oft einfach Pech. Natürlich spielen auch andere Faktoren als die Herkunft eine Rolle. Mir geht es also genauso sehr um Kinder von Arbeitern und aus bildungsfernen Familien, die großes Potenzial haben. Denn auch ihnen fehlen oft die Zugänge. Das kann ein finanzieller Rückhalt für ein langes Jurastudium oder eben eine fachliche Unterstützung sein. Der Weg vom Arbeiterkind zum Intellektuellen ist lang und holprig. Auf diesem Weg brauchen wir

Stützen und müssen uns immer wieder vor Augen führen, dass dieser Weg machbar ist. In der Literatur spricht man deswegen auch von der sozialen Herkunft. Denn egal wo wir herkommen, wir konkurrieren mit Menschen, die ungleich bessere Rahmenbedingungen haben als wir. Und genau deswegen müssen wir, die Bildungsaufsteiger von heute und morgen, voneinander lernen. Denn ich weiß, dass auch Kinder aus Nichtakademikerhaushalten das Potenzial haben, Großes zu erreichen. Ich gebe euch diesen Wegweiser an die Hand – jetzt müsst ihr das Beste aus eurem Leben machen!

Dieser Wegweiser ist also für alle diejenigen unter euch, die kurz vor dem Schulabschluss stehen und ihren Bildungsaufstieg planen möchten. Für mich bedeutet Bildungsaufstieg eben auch Wohlstand, persönliche Erfüllung und die Möglichkeit, sich in der Gesellschaft einzubringen, weit über das Studium hinaus. Wir alle müssen lernen, wie wir differenzierte Stellungnahmen zu verschiedenen Sachverhalten bilden und äußern können. Das gehört für mich genauso zum Bildungsaufstieg wie der spätere Wohlstand. Das Buch ist also auch für Studierende, die sich richtigerweise Gedanken um die nächsten Schritte nach der Universität machen. Vielen Leuten ist es nicht bewusst, dass schon die Wahl des Studiengangs maßgeblich den Bildungsaufstieg und die späteren Chancen auf Wohlstand beeinflussen. Das Studium oder eine zündende Idee für ein Start Up stellen dafür die Weichen. Deswegen sollte die Wahl des Studiums, der Stipendien und eben der Universität gut durchdacht werden. Zum Bildungserfolg gibt es viele verschiedene Wege. Genauso wie mir, ist es dir wahrscheinlich wichtig, einen gewissen Lebensstandard zu erfüllen, um für dich und deine Familie so sorgen zu können, wie du es für richtig hältst. Der Bildungsaufstieg ermöglicht genau das und sollte deshalb gut geplant werden. Egal ob der Weg zum Beispiel in die Wirtschaft, Tech-Branche oder Informatik gehen soll, wichtig ist, dass der Bildungsaufstieg gut vorbereitet wird und dass man sich vernetzt.

Ich kann hier keine Versprechen geben, aber aus meiner Erfahrung kann ich versichern, dass die Werkzeuge und Strategien in diesem Buch den Bildungsaufstieg mit Sicherheit unterstützen werden. Ihr werdet besser in der Lage sein, Entscheidungen zu treffen, Probleme zu antizipieren und Hürden zu überwinden. Mithilfe dieses Buchs könnt ihr euch effizienter auf eure Auswahlverfahren vorbereiten und so schneller an eure Ziele kommen. Ihr werdet eher in der Lage sein, einzuschätzen, wie sich eine Entscheidung auf eure Karrierechancen auswirkt und in welcher Branche ihr euch am besten platziert. Ihr werdet Information über Stipendien- und Mentoringprogramme erhalten und lernen, wie ihr euch am besten darauf bewerbt.

Ich verstehe mich hier in der Rolle des Multiplikators. Ich möchte meine eigenen prägenden Erfahrungen aufarbeiten und sie zur Verfügung stellen, damit alle Menschen ihr Potenzial so gut wie möglich nutzen können. Denn der Bildungsaufstieg, der zu Wohlstand führt, ist ein Marathonlauf. Er dauert sehr lange und verlangt uns über eine immens lange Zeit viel ab. Leider sind die Startbedingungen junger Personen mit Migrationshintergrund und aus Arbeiterfamilien oft schlechter.

Sie stehen weit hinter der Startlinie, sollen aber genau wie alle anderen das gleiche Rennen laufen. Sowohl meine Ehrenämter als auch dieses Buch sind für mich besondere Lösungswege, um als Multiplikator genau diesen Personen auf dem Weg zur Startlinie zu helfen. Vielen von uns fehlt diese Unterstützung. Da wir in einer Zeit der endlosen Möglichkeiten leben, möchte ich Personen mit Potenzial aufzeigen, dass Bildung nicht nur Wissen bedeutet oder einfach nur intelligent zu sein, sondern sein Leben sinnerfüllt zu gestalten. Ein sinnerfüllter Mensch ruht in sich und weiß, was er kann oder auch nicht kann. Er versteht, dass man mit Fleiß, Disziplin und dem systematischen Aufbau eines Netzwerks zunächst unmöglich erscheinende Ziele erreichen kann. Gleichzeitig lebt ein sinnerfüllter Mensch so, dass er etwas für andere im Leben darstellt. Denn am Ende ist Bildung das, was übrigbleibt, wenn wir vergessen, was wir gelernt haben. Ich glaube stark an das Prinzip von Geben und Nehmen. Je mehr Leute ihr Potenzial verwirklichen, desto größer ist unser Mehrwert für die Gesellschaft. Das hier ist ein Wegweiser, den nur ihr ganz individuell mit eurer Eigeninitiative umsetzen könnt. Ich bin gespannt auf euren Erfolg.

»Wir haben immer zwei Optionen – einen Schritt nach vorne in Richtung Wachstum oder einen Schritt nach hinten in Richtung Sicherheit.«

Abraham H. Maslow –

The Psychology of Science. A Reconnaissance (1966)

2. Komfortzone

Mittlerweile haben wir alle schon mal von dieser Komfortzone gehört. Sie begegnet uns bei Werbung für Sportartikel, aber auch in den Biografien der Topmanager. Sie ist in aller Munde und das zurecht. Die Komfortzone wirkt wie eine lähmende Genugtuung, die uns von unseren Topleistungen abhält. Aber warum fällt es uns so schwer, aus unserer Komfortzone auszubrechen? Was lässt uns so gemütlich werden? Was kann uns dabei helfen, aus ihr herauszukommen?

Warum ist die Komfortzone gefährlich?

Mir persönlich wurde das Konzept der Komfortzone erst nach meinem Bachelorstudium so richtig klar. Ich hatte vorher schon gehört, dass wir gerne in unserer Komfortzone bleiben, weil es eine Situation ist, in der wir wenig Stress und Unsicherheit empfinden. Wir fühlen uns sicher und wohl. Wir sind vertraut mit den Tagesabläufen und geben uns mit dem zufrieden, was wir haben. An und für sich ist das auch nicht problematisch. Warum können wir uns nicht auf den Erfolgen unserer Anstrengungen ausruhen? Die simple Antwort lautet: Als Aufsteiger geben wir uns zu früh mit einer Lebenssituation zufrieden, nur weil es etwas besser ist als die, aus der wir kommen.

Ich will das an einem Beispiel aus meinem Leben erklären. Ich habe nach meinem dualen Studium *Business Administration* bei der Aurubis AG an der Hamburg School of Business Administration bei der Aurubis AG angefangen zu arbeiten. Ich lebte gut in meiner Heimatstadt Hamburg und hatte einen sicheren und gut bezahlten Job bei Aurubis. An sich hatte ich den Bildungsaufstieg geschafft. Ich habe nicht nur das Abitur mit sehr guten Noten bestanden, sondern auch ein hervorragendes duales Studium abgeschlossen, das mir dann einen Job ermöglicht hat, der mir viel bessere Verdienstmöglichkeiten bot als sie meinen Eltern jemals hier in Deutschland zur Verfügung standen. Ich hatte es als einer von wenigen geschafft, dem Bildungstrichter in Deutschland zu trotzen. An den Stellen, an denen Leute wie wir ausgesiebt werden, habe ich weitergemacht. Und jetzt war ich an einem Punkt, der mich hätte zufrieden stellen können. Ich hatte eigentlich alles, was ich mir als Jugendlicher gewünscht hatte. Ich war unabhängig, hatte eine tolle Wohnung und ein Auto und konnte sicher sein, dass ich mit diesem Karriereweg auch zu genug Wohlstand für mich und meine Familie kommen würde. Aber ich konnte mich damit nicht zufriedengeben. Mich hat meine Situation nicht erfüllt. Irgendetwas fehlte mir. Ich habe im Studium, über meine Stipendien und meine eigene Initiative eine Menge inspirierende Leute kennengelernt. Darunter waren Vorstandsvorsitzende von DAX Unternehmen, führende Politiker und wichtige Lobbyisten. Ich fragte mich immer wieder, wie diese Leute an diese Positionen gekommen sind. Was haben sie gelernt, studiert oder erreicht, um so weit oben mitzuspielen? Besonders plagte mich die Frage: Kann ich das auch?

Wie ich mich entschieden habe, konntet ihr in der Einleitung lesen. Ich packte all meinen Mut zusammen und bewarb mich an zwei der renommiertesten Universitäten der Welt, der *London School of Economics* und Kurse an der *University of Oxford* für einen Master of Science. Mir war klar, dass nur der Schritt ins Ausland an solche Universitäten meiner Karriere zu neuen Höhen verhelfen konnte. Ich gab also meinen Job auf und verließ meine Komfortzone. Ich trotzte der uns allen bekannten Angst vor dem Versagen und wagte mich an diese neue Herausforderung. Hat es sich gelohnt? Macht euch ein eigenes Bild. Über meinen Master und meine bisherige Berufserfahrung habe ich mittlerweile einen Job bei dem ich das Dreifache verdiene als damals. Ich bin nebenbei als Dozent tätig und promoviere zu einem der aktuellen Themen in der Techbranche, der urbanen Drohnenmobilität. Und das tue ich alles nur, weil ich aus meiner Komfortzone ausbrach. Die Komfortzone kann gefährlich sein, denn sie wirkt verführend. Wer von wenig kommt, ist mit leichter Verbesserung eher zufrieden als jemand, der schon immer genug hatte.

Deswegen brauchen wir ein positives Mindset

Durch meine persönliche Erfahrung und meine Arbeit als Dozent und Coach habe ich festgestellt, dass nur ein positives, zielgerichtetes und offenes Mindset uns helfen kann, die Komfortzone zu verlassen. Mir ist es wichtig, deutlich zu machen, dass sich diese Konstante durch den ganzen Weg ziehen wird. Egal wo man herkommt, das Mindset ist einer der wichtigsten Werkzeuge. Alle Bildungsaufsteiger haben unterschiedliche Startvoraussetzungen, die einen wachsen in einer bildungsfernen Familie auf, die anderen müssen sich in ihrem Leben ständig als Mensch mit Migrationsgeschichte durchsetzen. Andere wiederum werden von ihrem Umfeld einfach nicht unterstützt. All diesen Leuten ist aber eine Maxime gemeinsam: Sie müssen ihr Mindset ihren Bildungs- und Karrierezielen anpassen. Das ist leichter gesagt als getan, besonders weil man dieses Mindset immer wieder kultivieren muss, d.h. man muss sich immer wieder vor Augen führen, was die Ziele sind und warum sie wichtig sind. Das Mindset trägt maßgeblich dazu bei, wie erfolgreich und effektiv man Bildungschancen kreieren und nutzen kann. Die Entwicklung und Förderung eines zielgerichteten und realistischen Mindsets ist besonders für junge Menschen wichtig. Es wird euch begleiten und helfen, die unvermeidbaren Hürden als Herausforderungen zu sehen und sie zu überwinden. Es schützt uns auch davor, uns von der Komfortzone verführen zu lassen.

Ein positives Bildungsmindset fördert nämlich das Selbstvertrauen und die Überzeugung, dass man in der Lage ist, neue Bildungsziele zu erreichen. Dieses Selbstvertrauen ist entscheidend, um Herausforderungen zu bewältigen und sich motiviert zu halten. Dazu gehört auch, dass ihr ein Mindset entwickelt, das Wachstum und Weiterentwicklung fördert. Dazu gebe ich im nächsten Kapitel wichtige Hinweise. Man muss sich immer wieder davon überzeugen, dass die eigenen Fähigkeiten und Intelligenz durch Anstrengung weiterentwickelt werden können. Man muss bereit sein, an sich und an seinen Skills zu arbeiten, denn nur mit dieser Bereitschaft kann man den Bildungsaufstieg schaffen. Nur ein solches Mindset kann die euch in den Weg gelegten Hürden in Chancen zur Weiterentwicklung transformieren.

Ein solches Mindset stärkt auch die Resilienz, also die Fähigkeit, mit Rückschlägen und Hindernissen positiv und produktiv umzugehen. Aus einem lähmenden Hindernis wird damit eine vorübergehende Hürde, die man bewältigen kann. Falls euch das Thema besonders interessiert, empfehle ich euch das Kapitel zu Absagen. Dort berichte ich auch, wie ich mit meinen größten Hürden klargekommen bin und wie ich mich auf die bevorstehenden vorbereite. Der Bildungsaufstieg ist nie leicht, sondern in den meisten Fällen mühselig. Dazu kommt die ungleich höhere Belastung durch Prüfungsstress, Bewerbungen und anderen Bildungs- und Karriereherausforderungen. Das Mindset ist ein starkes Tool für Stressbewältigung, denn man lernt, wie man mit dem Druck, den man aktuell spürt, zukunftsorientiert umzugehen. Das richtige Mindset stärkt nämlich auch die Zukunftsorientierung und damit die Motivation, heute mit der Arbeit anzufangen. Wenn man seine Ziele im Blick behält, ist man eher bereit, die anstehenden Aufgaben zu erledigen.

Das richtige Mindset trägt auch zu der Offenheit bei, die ich im

Kapitel zu Netzwerk nochmal genauer erläutere. Den Bildungsaufstieg muss man selbst erarbeiten – es gibt dafür keine Schablone oder vorgefertigten Wege. Vielmehr muss man ständig offen sein für neue Chancen, wie zum Beispiel Stipendien, Praktika oder Kontakte. Man muss mit dieser Offenheit durch das Studium und die professionelle Karriere gehen, denn nur so wird man die richtigen Türen aufmachen können. Andere Leute, zum Beispiel KommilitonInnen und Arbeitskollegen und -kolleginnen merken das auch schnell. Man wird als präsentes Vorbild wahrgenommen und kann sich so ein Netzwerk aufbauen, das für den Bildungsaufstieg von extremer Bedeutung ist. Außerdem kann das offene Mindset dabei helfen, aufmerksamer für Chancen zu sein, die man früher nicht für möglich gehalten hätte.

Mir hätte jemand vor zehn Jahren nicht erzählen können, dass ich irgendwann mal diesen Weg gehe und diese Position erreiche. Ich hätte diese Person ausgelacht. Als Bildungsaufsteiger müssen wir das, was wir für möglich halten, immer wieder in Frage stellen. Wir müssen bereit sein, groß zu denken und zu träumen, um dann für diese Ziele auch das richtige Fundament zu bauen. Deswegen kann ich nur empfehlen, die Wege anderer Bildungsaufsteiger aufmerksam zu studieren und mit ihnen in Kontakt zu treten.

Warum wir neue Wege gehen müssen

Ich merke in verschiedenen Kontexten immer wieder, dass viele Leute Angst vor Versagen und Absagen haben. Sie haben eine gesteigerte Sensibilität für das Risiko und bleiben deswegen lieber in ihrer Komfortzone. Seid mutig! Wir leben in einer hyperflexiblen Zeit, in der wir uns unheimlich viele Alternativen und Möglichkeiten erarbeiten können. Viele Leute in meinem Umkreis haben bereits mehrere Projekte gestartet, die am Ende nicht erfolgreich waren, besonders im Bereich der Start-Ups. Im Silicon Valley wird man fast nicht ernst genommen, wenn man in seinem Werdegang nicht schon auf mehrere Misserfolge zurückblicken kann. Dazu kommt noch, dass die Möglichkeiten für den Quereinstieg immer weiterwachsen. Unsere Qualifikationen sind heutzutage auf vielfältige Art und Weise einsetzbar.

Das zeigt auch die Veränderung im Personalwesen. Früher war es nicht gut, wenn man im Lebenslauf eine Station durchlaufen hat, die nur ein Jahr ging. Heutzutage könnt ihr diese Erfahrung als Lernerfahrung verwerten, denn sie zeigt unter Umständen, dass ihr bereit seid, aus eurer Komfortzone auszubrechen und etwas anderes zu versuchen. Es zeigt eure Bereitschaft zur Weiterentwicklung.

Das Verlassen der Komfortzone ist auch schon während des Studiums eine entscheidende Phase für persönliches Wachstum, akademische Entwicklung und die Entdeckung neuer Möglichkeiten. Es ist zwar verlockend, sich in der Komfortzone einzurichten, aber das Streben nach Herausforderungen und das Erkunden neuer Horizonte bringt langfristige Vorteile. Probiert andere Kurse aus oder beteiligt euch an Studienprojekten. Diese können auch später der Grund sein, warum ihr euren Traumjob bekommt.

Empfehlungen

1. Die Komfortzone als lähmende Genugtuung
Die allgegenwärtige Komfortzone wirkt wie ein angenehmer Aufenthaltsort, der uns vor Stress und Unsicherheit bewahrt. Sie bietet Sicherheit und Vertrautheit in unseren Tagesabläufen. Doch diese Gemütlichkeit kann zu einer lähmenden Genugtuung führen, die uns daran hindert, unser volles Potenzial zu entfalten.

2. Die Gefahr der vorzeitigen Zufriedenheit
Die Komfortzone birgt die Gefahr, dass wir uns zu früh mit unseren Errungenschaften zufriedengeben. Insbesondere für Bildungsaufsteiger kann diese Vorstellung gefährlich sein, da wir dazu neigen, uns mit geringfügigen Verbesserungen zufrieden zu geben und mögliche Höchstleistungen zu übersehen.

3. Neue Perspektiven und wichtige Wendepunkte
Das Verlassen der Komfortzone bringt auch immer neue Perspektiven und kann zu Wendepunkten führen, die eine ganze Karriere bestimmen. Das Überwinden von Herausforderungen

stärkt das Selbstbewusstsein und eine neue Umgebung fördert auch die Kreativität.

4. Die Bedeutung eines positiven Mindsets

Der Mut für einen solchen Schritt hängt von einem positiven, zielgerichteten und offenen Mindset ab. Unabhängig von den individuellen Startvoraussetzungen ist das Mindset ein entscheidendes Werkzeug, um Bildungschancen zu schaffen und zu nutzen.

5. Innovation und Erfahrungen

Das Verlassen der Komfortzone bedeutet, dass man innovative Lösungsansätze entwickeln muss, da man sich in unbekannte Situationen begibt. Neue Studienerfahrungen außerhalb des üblichen Studiengangs oder einen Auslandsaufenthalt an sich schaffen ein stärkeres Netzwerk und damit auch Karrieremöglichkeiten. Das stärkt nicht nur das Selbstvertrauen, sondern fördert auch die Resilienz.

6. Die Notwendigkeit, neue Wege zu gehen

Die Furcht vor Versagen und Absagen hält viele Menschen in ihrer Komfortzone gefangen. Es braucht Mut, sich bewusst zu öffnen. In einer Zeit der Hyperflexibilität und vielfältigen Möglichkeiten sind Misserfolge nicht nur akzeptabel, sondern können als Lernerfahrung und Bereitschaft zur Weiterentwicklung interpretiert werden.

»Wenn ich nicht weiß, in welchen Hafen ich segeln will, dann ist kein Wind für mich der richtige.«

Seneca: Epistulae morales ad Lucilium

3. Mit dem richtigen Mindset aus der Komfortzone

Hier möchte ich einige Tipps und Herausforderungen beschreiben, mit denen man seine eigene Komfortzone beleuchten und überwinden kann. Nicht alle Punkte treffen auf alle Menschen zu, aber sie geben die ersten Anhaltspunkte für mögliche Veränderungen. Im Anschluss daran stelle ich den Unterschied zwischen einem Wachstums- und einem festen Mindset vor und zeige, wie man sich mit einem Wachstumsmindset über sein Studium hinaus besser qualifizieren kann, um so größeren und langfristigen Erfolg zu haben.

Wege aus der Komfortzone

Während des Studiums kann man neue Kurse wählen, die eventuell außerhalb des Hauptfachs liegen. Diese Kurse sollte man nach den eigenen Interessen herauswählen, denn sie dienen primär dazu, die eigene Perspektive zu erweitern und neue Einblicke zu sammeln. Zusätzlich kann man sich während des Studiums um Projekte und Forschungsmöglichkeiten bemühen, die einem dabei helfen, über das Studium hinaus wertvolle Skills zu lernen und Erfahrungen zu sammeln. Ich habe schon oft erlebt, dass sich solche Tätigkeiten bei meinem

Coachingteilnehmenden und Studierenden am Ende auf unerwartete Weise bezahlt gemacht haben, so zum Beispiel durch eine Promotion am selben Lehrstuhl oder der Entdeckung der späteren Arbeitsschwerpunkte. Das kann aber auch über Aktivitäten erfolgen, die zwar nicht zu dem Studium an sich, aber zu der Zeit an der Universität gehören. Das universitäre Umfeld bietet immer Möglichkeiten zur Vernetzung, beispielsweise in Organisationen, Clubs oder Initiativen. Das Angebot ist oft weit gestreut, so dass für alle Interessen etwas dabei sein sollte. Falls nicht, dann empfehle ich, die Dinge selbst in die Hand zu nehmen und eine Organisation zu gründen. Besonders da sammelt man wertvolle Erfahrungen und wertet seinen Lebenslauf auf. Man beweist damit Initiative und Führungsskills und kann seine eigene Idee verwirklichen. Die Universität bietet dafür oft Unterstützung an.

Eine andere Möglichkeit ist natürlich das Praktikum, das ich später nochmal genauer beschreiben werde. Man sollte die Semesterferien und die Angebote der Universität aktiv nutzen, um erste Berufserfahrungen zu sammeln und den eigenen Wert für zukünftige Arbeitgeber zu steigern. Das kann man allerdings auch mit einem Auslandssemester schaffen. Mit dem Erasmusprogramm ist ein Auslandssemester heutzutage einfacher als je zuvor. Gleichzeitig kann man so neue Kulturen, Sprachen und eventuell auch Arbeitsumgebungen kennenlernen.

Alles ist eine Frage des Mindsets

Wie gehst du mit neuen Herausforderungen bisher um? Suchst du sie aktiv oder fällt es dir leichter, sie auf dich zukommen zu lassen? Wie gehst du mit dem Gefühl um, dass du einer Aufgabe vielleicht nicht gewachsen bist? Was hilft dir dabei, dieses Gefühl zu überwinden? Einige der Antworten auf diese wichtigen Fragen geben Auskunft über dein Mindset. Dieses spielt eine entscheidende Rolle für den akademischen Erfolg und persönliches Wachstum. Es bezieht sich auf die Einstellung und die Denkweise, mit der du an deine Aufgaben, Herausforderungen und Lernprozesse herangehst. Es gibt zwei grundlegende Mindsets, die im Studium besonders relevant sind: das feste und das Wachstumsmindset.

Menschen mit einem festen Mindset glauben im Allgemeinen, dass Intelligenz und Fähigkeiten weitgehend statisch und angeboren sind. Sie gehen davon aus, dass sie entweder »gut« oder »schlecht« in einem bestimmten Fach oder einer bestimmten Fähigkeit sind und dass es schwer ist, daran etwas zu ändern. Sie halten sich und andere entweder für Gewinner- oder Verlierertypen und glauben nicht daran, dass sich das im Laufe des Lebens ändern kann. Natürlich sind diese Mindsets nur generelle Beschreibungen. Allerdings fällt schnell auf, wie nah uns dieses Mindset ist. Unsere Erfahrungen in der Schule zementieren oft den Eindruck, dass wir in manchen Fächern oder Belangen einfach schlecht oder gut sind. Es gibt aber eine Reihe von Problemen mit diesem Mindset. Menschen mit festem Mindset haben oft Angst vor Fehlern und lassen sich deswegen ungern auf neue Herausforderungen ein. Sie trauen sich nicht und gehen den Herausforderungen aus dem Weg, manchmal auf kreative Weise. Die Idee, dass alles schon mehr oder weniger in Stein gemeißelt ist, führt zu der Konsequenz, dass diese Personen oft wenig Bereitschaft zur Anstrengung haben. Sie glauben, ihre Fähigkeiten sind begrenzt – wofür sich also anstrengen?

Das führt auch dazu, dass diese Personen nicht gut mit Kritik umgehen können, denn sie sind es nicht gewohnt, neue und anspruchsvollere Aufgaben zu lösen. Sie interpretieren Kritik dann oft als Bedrohung für ihr Selbstwertgefühl, was besonders in Teamkontexten zu Problemen führt. Ein festes Mindset kann also die Lernmotivation verringern und den Studienerfolg behindern, da es die Bereitschaft zur Anstrengung und zum Lernen beeinträchtigt. Personen mit festem Mindset neigen dazu, Misserfolge als persönliches Versagen zu betrachten und vermeiden oft herausfordernde Aufgaben, um ihre vermeintlichen Schwächen nicht zu zeigen. Ein festes Mindset kann zu Ängsten und einem geringen Selbstvertrauen führen, da diese Studierenden ihre Fähigkeiten als festgelegt und begrenzt ansehen.

Ganz im Gegenteil dazu glauben Studierende mit Wachstumsmindset daran, dass ihre Intelligenz, Fähigkeiten und Talente durch harte Arbeit, Lernen und Anstrengung entwickelt und verbessert werden können. Sie sehen Herausforderungen und Fehler als Gelegenheiten, um zu lernen und sich weiterzuentwickeln. Die Grundhaltung gegenüber dem Lernen und Herausforderungen ist positiv, denn sie sind öfter bereit, sich neuen und anspruchsvollen Aufgaben zu stellen. Ein Wachstumsmindset fördert die Bereitschaft, Herausforderungen anzunehmen, aus Fehlern zu lernen und sich kontinuierlich zu verbessern. Personen mit einem Wachstumsmindset entwickeln einen dynamischen Umgang mit Hindernissen und Fehlern. Sie lernen, dass Schwierigkeiten, Rückschläge und Kritik ein normaler Teil des Wachstumsprozesses sind. Sie lassen sich deswegen seltener von solchen Rückschlägen demotivieren und arbeiten deswegen zielstrebiger. Sie sind resilienter, d.h. sie können besser mit Druck und Stress umgehen. Gleichzeitig suchen sie aktiv nach neuen Herausforderungen und können sich eher in eine neue Rolle hineinversetzen. Sie sind an Kritik gewöhnt und können diese deswegen auch offener aufnehmen. Im Idealfall ist diese Person in ihrem Selbstvertrauen so gestärkt, dass sie aktiv Feedback einfordert. Das führt auch dazu, dass diese Personen öfter vorher unbekanntes Potenzial identifizieren. Sie sind eher bereit, auch solche Fähigkeiten weiterzuentwickeln.

Das Wachstumsmindset ist aber nicht genetisch veranlagt, sondern wird gelernt, d.h. auch Personen mit einem festen Mindset können ihr Mindset aktiv trainieren. Man kann zum Beispiel im Studium den Lernprozess als solches betonen. Man konzentriert sich also nicht mehr nur auf das Endergebnis, sondern lernt die Rückschläge und Schwierigkeiten des Lernprozesses kennen und schätzen. Dadurch gewinnt man einen weiteren Blick auf alle zukünftigen Lernprozesse. Darüber hinaus kann man herausfordernde Projekte suchen, von denen erstmal die Studienleistung nicht abhängt. Besonders am Anfang ist es sinnvoll, kleine Projekte zu nehmen und sein Engagement nach ersten kleinen Erfolgen zu steigern. Dazu gehört auch, dass man seine Fortschritte regelmäßig reflektiert, um seine persönliche Entwicklung zu verfolgen und zu schätzen. Man sollte dabei offen nach wertschätzendem Feedback von KommilitonInnen, MentorInnen und ProfessorInnen suchen. Das Mindset ist ein wichtiger Baustein zum langfristigen Erfolg. Nur wenn man seine Einstellung zum Lernen und zur persönlichen Entwicklung kultiviert, kann man eine erfüllende und erfolgreiche Studienzeit erleben und sich auf eine vielversprechende Zukunft vorbereiten.

Empfehlungen

Ein Wachstumsmindset ist extrem wichtig, wenn du im Studium Erfolg haben und später beruflich durchstarten möchtest. Es bedeutet, dass du bereit bist, dich anzustrengen, Rückschläge zu überwinden, immer dazuzulernen und dich kontinuierlich zu verbessern. Hier sind sechs Empfehlungen, wie man mit dem richtigen Mindset aus der Komfortzone rauskommt.

1. Perspektive kontinuierlich erweitern
Wähle während des Studiums neue Kurse außerhalb deines Hauptfachs, um deine Perspektive zu erweitern und dich neuen Herausforderungen zu stellen.

2. Projekte & Erfahrungen
Engagiere dich in Projekten und Forschungsmöglichkeiten, um wertvolle Fähigkeiten zu erlernen und praktische Erfahrungen zu sammeln, die über das Studium hinausgehen.

3. Netzwerk & Organisationen
Beteilige dich an studentischen Organisationen, Clubs oder Initiativen, um dein soziales Netzwerk zu erweitern und zusätzliche Erfahrungen zu sammeln, die dich beruflich voranbringen können.

4. Erste Berufserfahrungen
Nutze aktiv Praktika, Semesterferien und die Angebote der Universität, um erste Berufserfahrungen zu sammeln und deinen Wert für zukünftige Arbeitgeber zu steigern.

5. Auslandserfahrungen
Erwäge die Möglichkeit eines Auslandssemesters, um interkulturelle Erfahrungen zu sammeln, neue Sprachen zu lernen und potenziell unterschiedliche Arbeitsumgebungen kennenzulernen.

6. Selbstreflexion und Feedback
Reflektiere regelmäßig deine Einstellung und arbeite aktiv an der Entwicklung eines Wachstumsmindsets, indem du den Fokus auf den Lernprozess legst, dich herausfordernden Projekten stellst und konstruktives Feedback suchst.

»Es ist sinnlos zu sagen: Wir tun unser Bestes.
Es muss dir gelingen, das zu tun, was erforderlich ist.«

Winston Churchill

4. Inflation Studium

Habe ich nur erst das richtige Mindset entwickelt und schließe meinen Studiengang mit sehr guten Noten ab, habe ich eigentlich alles, was ich für meinen Bildungsaufstieg brauche, oder? Leider nicht. Denn mit der in Deutschland seit Jahrzehnten stattfindenden Bildungsexpansion entstehen einige widersprüchliche Situationen, von denen eine potenzielle Bildungsaufsteiger besonders betrifft: die Bildungsinflation.

Vorab möchte ich aber eine Sache betonen. Der typische Bildungsaufstieg steht und fällt mit einem Studium. Allerdings möchte ich an dieser Stelle auch klar machen, dass es auch andere Wege gibt, um erfolgreich zu sein. Das Studium wertet das eigene Profil aber eindeutig auf und fördert eine stabile Basis für genau diesen Erfolg. Da ich dieses Buch mit autobiografischen Bezügen über mein Leben schreibe, fokussiere ich natürlich Wege, die über ein akademisches Studium führen. Heutzutage wird in vielen Kreisen und Schichten ganz klar angenommen: Du musst studieren, um erfolgreich zu sein. Gleichzeitig wird oft einfach davon ausgegangen, dass ein Studium automatisch zu Wohlstand und sozioökonomischem Aufstieg führt. Das ist leider eine Fehlannahme und das aus mehreren Gründen. In diesem Kapitel möchte ich zeigen, was wir unter der Bildungsinflation in Deutschland verstehen und was das für den eigenen Lebensweg konkret bedeutet.

Was ist die Bildungsinflation?

Heutzutage studieren mehr Menschen denn je. In den letzten Jahrzehnten gab es in Deutschland einen erheblichen Anstieg der Studierendenzahlen. Auf den ersten Blick klingt das nach einem großen Erfolg. Wir haben noch nie so viele studierte Menschen auf dem Arbeitsmarkt gehabt. Wir verzeichnen auch eine starke Zunahme an Absolventen mit Bachelor-Abschlüssen, was auch an der Bologna-Reform lag. Laut einem Bericht des IFO-Institutes verfügten im Jahr 2019 18 % der 18-65-Jährigen einen Fachhochschul- oder Universitätsabschluss, verglichen mit lediglich 6 % im Jahre 1976. Das ist eine markante Veränderung. Wir haben aber auch beobachtet, dass viel mehr Menschen nicht nach einem Bachelor aufhören, sondern direkt einen Masterabschluss anstreben.

Bildungswissenschaftler sprechen hier von einer Bildungsinflation. Im Allgemeinen versteht man darunter, dass heute viel mehr Leute die Bildungsabschlüsse erreichen, die früher nur wenigen Menschen vorbehalten waren. Immer mehr junge Menschen entscheiden sich für ein Studium. Laut dem Bildungswissenschaftler El-Mafaalani hat sich auch die Verweildauer im Bildungssystem verlängert, d.h. die Menschen sind heutzutage viel länger in den Bildungsinstitutionen[4]. Das spricht erstmal für gestiegene Bildungschancen und ein erhöhtes durchschnittliches Bildungsniveau in der Bevölkerung. Wo im Jahr 1960 noch 6 % der 18-25-Jährigen eine

[4] Vgl. Mythos Bildung (2020)

Studienberechtigung erhalten haben, sind es mittlerweile über 50 %. Zwischen 2006 und 2016 ist der Anteil der Akademiker von 12 % auf 17 % gestiegen. Das hört sich eigentlich nach einer erfolgreichen Bildungspolitik an. Allerdings kommt diese Bildungsexpansion mit einigen Widersprüchen, von denen eine besonders wichtig ist: die Bildungsinflation.

Die Idee dahinter ist einfach zu verstehen: Je mehr Leute einen Bachelorabschluss absolvieren, bedeutet das im Umkehrschluss, dass dieser Bachelor auf dem Bildungsmarkt an Wert verliert. Die stattfindende Bildungsexpansion führt dazu, dass alle Abschlüsse an Wert verlieren. Die Abschlüsse, die früher den Zugang zu Spitzenpositionen möglich machten, sind heute Grundvoraussetzung. Weil immer mehr Menschen diese Abschlüsse erreichen, verlieren sie an Wert. Die Anforderungen an die Bewerber steigen deswegen auch an. Bei manchen Studiengängen galt man früher nach dem Studiengang als top qualifizierter Mitarbeiter, weil es auch nicht so viele Menschen gab, die dieses Studium erfolgreich absolviert haben. Heutzutage studieren viel mehr Menschen und erreichen diese Abschlüsse. Damit sinkt der Wert des Abschlusses an sich, denn die Konkurrenz ist höher. Wenn immer mehr Menschen höhere Bildungsabschlüsse erwerben, kann dies dazu führen, dass bestimmte Abschlüsse oder Qualifikationen weniger wertvoll werden. Das bedeutet, dass ein Bachelor-Abschluss, der einst als ausreichend galt, möglicherweise nicht mehr ausreicht, um in bestimmten Berufen oder Branchen wettbewerbsfähig zu sein. Damit lässt sich auch erklären, warum so viele Menschen auch einen Masterabschluss anstreben. Gleichzeitig zeigt es euch auch, dass andere Faktoren eine große Rolle in der Zukunftsplanung spielen sollten, nämlich Auslandsaufenthalte, Praktika und Netzwerke.

Das Studium ist längst kein Alleinstellungsmerkmal mehr. Gleichzeitig erleben wir momentan eine Wissensverdichtung, bei der sich viele Leute über verschiedene Plattformen unheimlich viele Kompetenzen selbst aneignen können. Die Leute sind an manchen Stellen also überqualifiziert für ihre Stellen, müssen aber wegen der Konkurrenz und Arbeitsmarktlage Abstriche beim Gehalt und bei der Auswahl des Arbeitsplatzes machen. All das gehört zur Bildungsinflation.

Was bedeutet das für BildungsaufsteigerInnen?

Für ambitionierte junge Menschen bedeutet das einige konkrete Dinge. Einerseits bedeutet es, dass man einem erhöhten Bildungsdruck und Konkurrenzdruck ausgesetzt ist. Der Wettbewerb ist intensiver geworden und man muss Wege finden, sich von der Masse abzuheben. Die Wettbewerbsfähigkeit ist nicht mehr allein durch das Studium gegeben. Man muss durch eigene Leistungen, Praktika, Stipendien oder andere Dinge glänzen. Es kann auch bedeuten, dass man sich erst spezialisieren muss, wenn man in einem bestimmten Karriereweg Fuß fassen möchte. Das kommt immer auf das Fachgebiet an. Allerdings ist es wichtig, sich früh mit diesen Fragen auseinanderzusetzen, um zum Beispiel auch zu wissen, welche Zusatzqualifikationen einen weiterbringen. Obwohl ein höherer Bildungsabschluss Vorteile auf dem Arbeitsmarkt bringt, sind Absolventen dennoch mit Herausforderungen wie Arbeitsplatzunsicherheit und Arbeitsmarktbedingungen konfrontiert. Es ist deswegen wichtig, realistische Erwartungen und Karriereziele zu setzen. Dafür kann eine Karriereberatung hilfreich sein. Den ersten Schritt dafür hast du mit dem Lesen dieses Buches schon getan. Glückwunsch.

Um darüber hinaus auch noch wichtige Erkenntnisse zu schaffen, solltest man sich folgendes fragen: Mit welchem Studiengang hebe ich mich von anderen ab? Was kann ich über das Studium hinaustun, um meine Erfolgschancen zu verbessern? Hier erläutere ich einige Indikatoren und Leitfragen, mit denen man dem anvisierten Bildungserfolg näherkommt.

Seht ihr euch in eurem Studiengang? Viele aus meinem Umfeld treten mit vielen Erwartungen an mich und begründen ihre Studienwahl damit, dass diese Studiengänge einen hohen Status haben und die Verdienstmöglichkeiten dort ausgezeichnet sind. Natürlich ist das wichtig. Allerdings solltet ihr etwas wählen, das euch wirklich interessiert. Ihr müsst euch bewusstwerden, dass ihr euch im Idealfall nicht nur lange im Studium damit beschäftigen werdet, sondern auch später in eurer Karriere. Ihr solltet euch also mit diesem Studiengang auf eine gewisse Art und Weise identifizieren können. Könnt ihr euch vorstellen, dass auch die Tätigkeiten Spaß machen und Genugtuung bringen? Ich habe immer wieder die Erfahrung gemacht, dass sich Erfolg auch oft einstellt, wenn man begeistert an der Sache arbeitet. Dafür muss sie euch wirklich interessieren. So könnt ihr auch einen Studienabbruch vermeiden. Leidenschaft ist hier ein zentraler Begriff.

Neben den eigenen Interessen ist es natürlich noch überaus wichtig, den Arbeitsmarkt zu kennen. Man muss sich angucken, welche Qualifikationen für euren Traumjob konkret gefragt werden. Hier ist die Meinung von bereits etablierten Menschen und Berufserfahrenen wichtig, denn sie können oft gut einschätzen, wie sich eine Industrie oder ein Markt entwickeln werden. Momentan sind IT-bezogene Studiengänge über viele Industrien hinweg stark gefragt. Viele Unternehmen suchen Data Science Analysten, AI-Experten, Softwareingenieure, Appentwickler, Dataengineers, Informatiker, Product Developer, Design Thinking Experten, Cyber Security und viele mehr. Das Feld der Informatik ist groß und facettenreich. Man sollte genau abwägen, in welche Richtung man sich ausbilden lassen will. In der Karriereberatung spielt das Studienfach auch immer eine große Rolle. Natürlich ist ein reines Informatikstudium eine solide Basis. Allerdings muss man auch recherchieren, in welche Richtung man sich spezialisieren möchte. Das ist branchenabhängig und auch immer im Wandel.

Neben dem Studiengang an sich, sollte man die Zeit neben dem Studium auch nutzen, um die späteren Erfolgschancen zu erhöhen. In erster Linie sind damit Praktika gemeint. Je mehr Praxiserfahrung man aufzeigen kann, desto interessanter macht man sich für den Berufseinstieg. Man sollte die Praktika auf jeden Fall als Chance sehen, so viele Facetten wie möglich aus dem Berufsleben kennenzulernen, damit man später weiß, was auf einen in einer bestimmten Abteilung zukommt. Außerdem zeigen Praktika, dass man bereit war und ist, sich über die üblichen Maße hinaus zu betätigen. Das ist ein großer Pluspunkt für eine Bewerbung. Es zeigt den späteren Arbeitgebern, dass man fleißig und zielstrebig arbeitet.

Die Praktika kann man studienbegleitend oder eben in den Semesterferien machen. Das bietet sich gut an. Man kann verschiedene Branchen und Abteilungen kennenlernen und sammelt nicht nur viel Arbeitserfahrung, sondern auch Kontakte. Während eines Praktikums hat man die Möglichkeit, Kontakte in der Branche zu knüpfen und berufliche Beziehungen aufzubauen. Diese Kontakte können später bei der Jobsuche oder der Karriereentwicklung von großem Nutzen sein. Dazu kommen wir aber im Kapitel zu Netzwerk noch drauf zurück.

Praktika erfüllen mehrere Zwecke. Zum einen dienen sie, um herausfinden, ob einem bestimmte Jobs gefallen oder eben nicht. Man ist nicht für lange Zeit an den Job gebunden und kann sich kompromisslos umschauen. Praktika bieten die Möglichkeit, praktische Erfahrungen in einem bestimmten Berufsfeld zu sammeln. Man kann eventuell schon theoretisches Wissen aus dem Studium anwenden und erwirbt so wichtige Kompetenzen, die die späteren Bewerbungen bereichern. Manche erzählen mir auch, dass sie über das Praktikum wichtige Dinge gelernt haben, die sie für das Studium anwenden konnten. Neben den fachlichen Fähigkeiten können Praktika auch dazu beitragen,

Soft Skills wie Teamarbeit, Kommunikation, Problemlösung und Zeitmanagement zu entwickeln und zu verbessern. Diese lernt man für das ganze Leben. Sie erhöhen die Beschäftigungsfähigkeit und machen die Bewerbungen für potenzielle Arbeitgeber attraktiver. Die Softskills werde ich in einem eigenen Kapitel nochmal genauer erläutern. In vielen Fällen können Praktika auch zu Jobangeboten führen, entweder bei dem Unternehmen, bei dem das Praktikum absolviert wurde, oder in der Branche im Allgemeinen. Arbeitgeber bevorzugen oft Bewerber, die sie bereits durch Praktika kennen. Ihr setzt damit also direkt einen Fuß in die Industrie. Zudem zeigt es auch, dass man während des Studiums fleißig war, sich um Praktika zu kümmern. Es wertet den Lebenslauf also definitiv auf und ist heutzutage fast schon Pflicht. Man sollte also eine gute Balance zwischen diesen notwendigen Praktika und solchen finden, die euch wirklich interessieren.

Ein weiterer Weg, um sich von den Mitbewerbern abzuheben, sind natürlich die Noten. Gute Leistungen sind fast überall gefordert. Durch sehr gute Leistungen im Studium zeigt man nicht nur, dass man extrem leistungsfähig ist, sondern auch, dass man diszipliniert und gewissenhaft die Arbeit machen kann. Bei vielen Wirtschaftsstudiengängen spielen die Leistungen zum Beispiel eine sehr große Rolle. Sie helfen den renommiertesten Universitäten, die Bewerber zu klassifizieren. Bei Bewerbungen um einen Masterstudiengang sind die Noten neben den Praktika von großer Bedeutung. Besonders der Aufstieg zu einer besseren und renommierten Universität klappt im Sprung vom Bachelor auf den Master mit sehr guten Noten.

Ich kenne viele Menschen, die mit sehr guten Bachelornoten an einer durchschnittlichen Universität dann den Master an Universitäten wie Cambridge, Oxford, Harvard und anderen gemacht haben. Das ist möglich. Der Zugang zu einer dieser renommierten Universitäten wertet den Bildungsabschluss auf. Es ist wie ein Qualitätssiegel, das man ein ganzes Leben lang präsentieren kann. Man bekommt auch Zugang zu einer qualitativ hochwertigeren Ausbildung und kann das Netzwerk um viele relevante Akteure erweitern. Ich gehe auch im nächsten Kapitel noch mal explizit auf Noten ein.

Die vier Punkte, Leidenschaft, sehr gute Noten, Praktika und renommierte Institutionen, sind alles Indikatoren, die den Bildungsaufstieg wahrscheinlicher machen. Sie sind keine Garantien. Wenn man aber konsequent auf die vier Punkte achtet, sollte dem Ziel nichts im Wege stehen. Ich möchte hier auch deutlich machen, dass der Bildungsaufstieg ein Marathon und kein Sprint ist. Natürlich wird es Phasen geben, an denen man alles geben muss und sich stark verausgabt, weil es gerade so gefordert wird. Der gesamte Bildungsaufstieg ist aber eher ein langes Rennen, auf das man sich vorbereiten muss. Hier zählen Fähigkeiten wie Zielstrebigkeit, Disziplin und Fleiß.

Diese vier Faktoren sollte man sich also immer wieder vor Augen führen und sie in die Karriereplanung mit einbeziehen. Ich möchte an dieser Stelle nochmal deutlich machen, dass es neben dem Studium noch viele andere Wege gibt, erfolgreich zu sein. In meinem Umfeld gibt es mehrere erfolgreiche Unternehmensgründer oder Menschen, die auch ohne Studium die

Karriereleiter in einem Unternehmen hochgestiegen sind. Solche Menschen haben zwar kein Studium, aber dafür eine Menge Erfahrung in der Industrie. Sie kennen sich bestens mit den Prozessen aus und sind deswegen für die Unternehmen von großer Bedeutung. Es gibt also viele verschiedene Wege. Hier geht es um den Weg durch den Bildungsaufstieg.

Empfehlungen

In den letzten Jahrzehnten gab es in Deutschland einen deutlichen Anstieg der Studierendenzahlen, was auf den ersten Blick wie ein großer Erfolg aussieht. Es gibt mehr Studienabsolventen mit Bachelor-Abschlüssen als je zuvor. Diese Bildungsexpansion wird jedoch von Bildungswissenschaftlern als Bildungsinflation bezeichnet. Das bedeutet, dass mehr Menschen Bildungsabschlüsse erreichen, die früher nur wenigen vorbehalten waren. Dies führt dazu, dass Bildungsabschlüsse an Wert verlieren, da sie häufiger erreicht werden. Die Bildungsinflation hat zur Folge, dass die Anforderungen an Bewerber in vielen Berufen steigen, da der Wettbewerb höher ist. Viele Menschen streben deshalb einen Masterabschluss an, um sich weiter zu spezialisieren. Dies zeigt, dass Bildungsabschlüsse allein möglicherweise nicht ausreichen, um in bestimmten Berufen wettbewerbsfähig zu sein.

Das führt zu einem intensiveren Wettbewerb. Und das betrifft auch dich. Du stehst vor einem erhöhten Bildungs- und Konkurrenzdruck. Beachte also stets folgende Punkte:

1. Folge deiner Leidenschaft

Wähle einen Studiengang, der nicht nur Prestige verspricht, sondern auch deine Leidenschaft weckt. Dein Studium sollte dich fesseln und dir Freude bereiten.

2. Setze auf exzellente Leistungen

Sehr gute Noten sind immer gefragt. Sie zeigen, dass du diszipliniert und gewissenhaft arbeiten kannst. Neben dem Bachelor-Abschluss können sie dir auch den Zugang zu renommierten Universitäten und besseren Jobchancen verschaffen.

3. Sammle Praxiserfahrung

Praktika sind der Weg, um dich von der Masse abzuheben. Sie ermöglichen es dir, praktische Fähigkeiten zu entwickeln und wertvolle Kontakte zu knüpfen. Zeige deinem zukünftigen Arbeitgeber, dass du bereit bist, dich über das übliche Maß hinaus einzusetzen.

4. Wähle renommierte Institutionen

Eine Top-Universität wertet deinen Bildungsabschluss auf. Sie bietet dir Zugang zu hochwertiger Bildung und einem wertvollen Netzwerk.

5. Denke langfristig

Der Bildungsaufstieg ist ein Marathon, kein Sprint. Bleibe fokussiert und diszipliniert, um deine Ziele zu erreichen.

»Der Ziellose erleidet sein Schicksal,
der Zielbewusste gestaltet es.«

Immanuel Kant (zugeschrieben)

5. Leistung, Noten und soziales Engagement

Der Bildungsaufstieg steht und fällt mit drei Faktoren: Leistung, Noten und soziales Engagement. Sehr gute Noten bilden immer den ersten Schritt für den Bildungsaufstieg. Ich wünschte, ich könnte euch sagen, dass Noten nicht so wichtig sind, aber das kann ich nicht. Hier in Deutschland sind Noten immer noch eines der ersten Aushängeschilder, nach denen man eingeordnet und bewertet wird. Ganz so pauschal lässt sich das aber nicht so sagen. Mittlerweile zählen für Stipendien und Arbeitgeber auch noch andere Faktoren, wie zum Beispiel Persönlichkeit, Engagement oder eben nicht-schulische und nicht-universitäre Erfahrungen. Ein soziales Engagement hat sowohl persönliche als auch berufliche Konsequenzen, die manche Leute gerne außer Acht lassen. In meinem Fall hat mich mein soziales Engagement besonders in den Auswahlgesprächen für eine der vielen Stipendien, aber auch in einigen beruflichen Auswahlgesprächen definitiv weitergebracht. Ich habe bereits als Jugendlicher für kurdische Geflüchtete aus der Türkei oder Syrien übersetzt. Ich habe sie zum Beispiel bei Behördengängen begleitet. So wie ich früher die Briefe für meine Eltern übersetzt habe, war ich dann später auch der Ansprechpartner für andere kurdische Einwanderer, so zum Beispiel auch bei Gerichtsterminen. Es gab dabei auch einige äußerst wichtige und komplexe Situationen, bei denen ich natürlich sorgfältig und verantwortungsbewusst übersetzen musste. Ich bin in diese Rolle also hineingewachsen und habe dabei prägende Erfahrungen gemacht. Persönlich gesehen habe ich viele verschiedene Lebensrealitäten kennengelernt und wurde mit Problemen konfrontiert, die mich in meinem persönlichen Werdegang geprägt haben. Ein soziales Engagement erweitert nicht nur den Horizont, sondern zeigt einem auch, wie dankbar man für seine Chancen sein sollte. Das Engagement hat mich auch in Auswahlgesprächen weitergebracht, denn es zeigt, dass ich nicht nur schon früh belastungsfähig war, sondern auch bereit war, mich regelmäßig über die üblichen Maße hinaus für etwas zu engagieren, das mir wichtig ist. Es zeigt, dass ich über den Tellerrand schauen kann und das auch freiwillig mache. Ich stehe also für mich und andere ein. Das hat auch Konsequenzen für den eigenen Wert beim zukünftigen Arbeitgeber, denn heutzutage reichen gute Noten einfach nicht mehr aus. Der Schlüssel zu erfolgreichen Bewerbungen ist eine ausgewogene Kombination aus guten Noten und sozialem Engagement. Der Arbeitsmarkt befindet sich da momentan in einem Wandel, den ihr sicherlich schon bemerkt habt. Dazu erzähle ich euch später mehr.

Wie wichtig sind Noten?

Vorab soll es aber um Noten gehen. Besonders für Bildungsaufsteiger sind Noten sehr wichtig. Sie bilden die Grundlage für euren Bildungserfolg. In einem anderen Kapitel habe ich erklärt, warum die Zahl der Studierenden so schnell in die Höhe geht und was das konkret für ambitionierte Menschen bedeutet. Es studieren immer mehr Leute, d.h. man muss sich bei Bewerbungen auch immer gegen mehr Konkurrenten durchsetzen. Noten sind dabei wie Munition.

Viele begehrte Studiengänge haben einen Numerus clausus, d.h. man braucht eine ganz bestimmte Note, um überhaupt zum Studium zugelassen zu werden. Man muss also im Abitur einen bestimmten Notendurchschnitt erreichen, um für bestimmte Fächer zugelassen zu werden. Beliebte Fächer wie Medizin haben einen sehr hohen N.c., aber auch das Lehramt hat mittlerweile einen hohen N.c. Diese Noten variieren auch von Uni zu Uni. Daher lohnt es sich, vorher zu recherchieren, wo man welchen N.c. braucht. Es ist wichtig, sich früh genug zu informieren, damit dem Traumstudium nichts im Wege steht.

Der N.c. beziffert also die Leistungen in der Schule –allerdings ist die Institution Schule auch kein leichter Ort, besonders nicht für Menschen, die eventuell von Diskriminierung betroffen sein könnten. Das kann einerseits Diskriminierung durch andere Schüler oder Schülerinnen sein. Andererseits höre ich auch immer wieder, dass besonders Menschen mit Migrationsgeschichte von Lehrkräften anders bewertet werden. Das trifft laut neuesten Studien auch für Kinder aus bildungsfernen Familien zu. Das Klima ist zwar von Schule zu Schule unterschiedlich, aber feststeht, dass es nicht leicht ist, sich auf seinen Weg und seine Noten zu konzentrieren. Ich kann nur empfehlen, sich schon früh vor Augen zu führen, dass die Leistungen in der Oberstufe das Fundament für die spätere Zukunft sind. Man muss also versuchen, diszipliniert und konsequent am Ball zu bleiben und sich nicht von den vielen Ablenkungen und Störungen aufhalten zu lassen. Es ist wichtig, frühzeitig selbstbewusst zu sein, wenn es um die eigenen Leistungen geht. Es ist ein Bestandteil der sozialen Marktwirtschaft, dass Leistung immer eine zentrale Beurteilungsgrundlage einnimmt. Auch im Bildungssektor. Trotzdem kommt es immer wieder vor, dass besonders engagierte und zielgerichtete Schüler und Schülerinnen in der Schule genau dafür ausgelacht werden. Lasst euch davon nicht beirren und beharrt weiterhin auf euren Weg.

Es gibt zahlreiche Geschichten von Pionieren, besonders aus den USA, die in der Schule schlechte Noten gehabt haben und dann trotzdem einen großen Erfolg hatten. Die Geschichten sind zwar wahr, aber sie lenken davon ab, dass gute Noten die Basis für den Bildungserfolg sind. Natürlich ist Erfolg auch ohne diese Basis möglich, aber ihr tut euch einen sehr großen Gefallen, wenn ihr früh damit anfängt. Das ist eine Frage des Mindsets. Denn viele Studienprogramme und Stipendien verwenden euren Abiturschnitt als maßgebliche Kennzahl. Aus meiner Zeit in London und Oxford kann ich berichten, dass den internationalen Studierenden vieles davon schon klar war. Sie hatten fast alle herausragenden Noten in der Schule und dieses Mindset auch schon verinnerlicht. Ich war dort immer umgeben von Leuten, die sehr gute Noten hatten und denen dies auch sehr wichtig war. Natürlich muss man auch sehen, dass die Noten in vielen Branchen nur den Zugang zu solchen Karrierewegen geben. Der Berufserfolg und die Karriere ergeben sich danach eher durch die Leistungen am Arbeitsplatz und die Branche. Dennoch sind Noten und der Bildungserfolg eine wichtige Zugangsbedingung.

Im Jurastudium hängt zum Beispiel viel von der Endnote ab, denn sie entscheidet, welchen Karriereweg man mit dem abgeschlossenen Studium gehen kann und welche nicht. Damit geht auch einher, wie viel man damit verdienen kann, beziehungsweise welche finanziellen Chancen sich daraus ergeben. Viele renommierte Wirtschaftskanzleien, die zu den bestbezahlendsten Kanzleien gehören, legen sehr viel Wert auf das sogenannte Pädikatsexamen. Jura ist ein hervorragendes Beispiel, um zu zeigen, dass die Noten wirklich entscheidend sind.

Noten sind aber vor allem für Stipendien wichtig, denn sie zeigen, dass man leistungsfähig und -bereit ist. Manche Stipendien können das ganze Studium finanzieren. Diese Stipendiengeber wollen in Personen investieren, die das Potenzial haben, erfolgreich zu werden. Dafür muss man nicht unbedingt den besten Abschluss haben, aber man muss bei der Bewerbung zeigen, dass der Bildungserfolg für einen wichtig ist und dass man bereits die Basis dafür gelegt hat. Sie wollen das Leistungspotenzial sehen.

In diesem Kapitel ist mir wichtig, zu zeigen, dass ein gelungener Bildungsaufstieg schon in der Schulzeit beginnt. Die Abschlussnote wird uns immer wieder begegnen. Deswegen ist es so wichtig, dass man sich früh darum bemüht. Allerdings sollte man auch wissen, dass es andere Möglichkeiten gibt und dass die verschiedenen Stipendiengeber zum Beispiel immer mehr auch die Person, ihren Kontext und andere Faktoren mit einbeziehen, um die Noten zu kontextualisieren. Das bedeutet, dass sie eigentlich nur sehen wollen, dass man sich überdurchschnittlich bemüht.

Es muss nicht ein Abitur von 1,0 sein, also sollte man die Sache also nicht zu verkopft angehen und sich keinen unnötigen Druck machen. Viel wichtiger ist in dieser Zeit, dass man versucht, mit Spaß, Neugier und Interesse an die Schulfächer zu gehen. Man merkt dann schnell, dass sich die Noten als automatische Konsequenz verbessern werden. Das ist für mich ein sehr wichtiger Punkt, denn Selbstbegeisterung ist eine Fähigkeit, die wir alle stärker erlernen müssen. Eigentlich ist die Schulzeit eine höchst interessante Zeit, in der man fächerübergreifend ganz viele Themen und Perspektiven kennenlernen kann. Selbstbegeisterung bedeutet dann auch, sich mal an Themen heranzutasten, die einem erstmal nicht interessant erscheinen. Macht euch eure Themen interessant und ihr werdet schnell merken, dass sich die Noten automatisch verbessern. Im Kapitel zu dem ersten Erfolgserlebnis erzähle ich, wie wichtig zum Beispiel meine erste Eins in der Realschule im Fach Geschichte für mich war. Geht man mit einem solchen Selbstverständnis an die Sache, fällt es nicht mehr so schwer, konsequent und diszipliniert die Aufgaben zu erledigen. Man lernt dabei dann auch noch viel über Disziplin und Regelmäßigkeit. Damit kann man also nicht früh genug anfangen. Auch Themen, die erst mal gar nicht attraktiv erscheinen, können interessant gemacht werden. Vor allem wenn man weiß, dass man mit Begeisterung das Fundament für den Bildungserfolg legen wird. Diese Kompetenzen sind an vielen Stellen wichtig und tragen dazu bei, sich von der Konkurrenz abzuheben. Man verbessert also nicht nur die Noten und damit die Chance auf Bildungserfolg, sondern auch die Kompetenzen, die für den späteren Karriereerfolg wichtig sein werden.

Wie wichtig ist soziales Engagement?

Neben den Noten zählt auch das soziale Engagement. Soziales Engagement kann für die Bewerbung um ein Studienstipendium in Deutschland von großer Bedeutung sein, insbesondere wenn es sich um Stipendien von Stiftungen handelt, die soziales Engagement als Kriterium berücksichtigen. Davon gibt es einige. Viele Stiftungen in Deutschland legen großen Wert auf soziales Engagement und suchen gezielt nach Stipendiaten, die sich ehrenamtlich engagieren oder bestimmte soziale Projekte unterstützen. Wenn man solche Stipendien anstrebt, kann das soziale Engagement ein entscheidendes Kriterium sein. Dabei muss man nicht schon jahrelang an einem Projekt teilgenommen haben. Es ist wichtig zu zeigen, dass man sich für ein soziales Thema interessierst und einsetzt. Das Stipendium soll einem dann ermöglichen, sich neben deinem Studium auch mit sozialen Projekten zu beschäftigen.

Soziales Engagement kann viele verschiedene Dinge bedeuten. Es kommt auch sehr auf die gewünschte Karriere an. Manche Leute, so wie ich, rutschen einfach durch ihre Rolle in der Familie, Gemeinde oder dem Verein in das soziale Engagement. Andererseits kann man sich das soziale Engagement auch so aussuchen, dass es gut zu der gewünschten Karriere passt. Man kann sich ehrenamtlich engagieren, so zum Beispiel in einem Verein, Jugendzentrum oder anderen Einrichtungen, die ehrenamtliche Helfer und Helferinnen brauchen. Man kann sich auch in bestimmten Projekten und auch in Gemeinden einbringen. Wichtig hierbei ist nur, dass es sich um ehrenamtliche Arbeit handelt. Man wird dafür also nicht bezahlt. Diese Tätigkeit wird als wertvolles soziales Engagement verstanden. Es gibt in jeder Stadt auch immer wieder Projekte, die sich um bestimmte soziale Probleme kümmern und Unterstützung benötigen. Am besten ist es natürlich, wenn man ein Projekt selbst startet oder mitleitet. Das kann zum Beispiel ein Spendenaufruf sein. Hierunter fallen auch viele gemeinnützige Initiativen. Am besten informiert man sich in der Stadt und an der Schule. Oft gibt es auch ein Zentrum für ehrenamtliches Engagement, das immer ehrenamtliche HelferInnen sucht.

Man kann sich auch politisch engagieren, so zum Beispiel in einer Partei oder in aktivistischen Kontexten. Man kann aktiv an politischen oder sozialen Bewegungen teilnehmen. Die Leitung von Jugend- oder Amateursportteams, die Mitwirkung an Theateraufführungen oder die Organisation von kulturellen

Veranstaltungen für die Gemeinschaft können auch als soziales Engagement gelten.

Ein anderes Beispiel ist das Mentoring von jüngeren Schülern und Schülerinnen. Besonders hier zeigt man, wie wichtig einem der Bildungserfolg ist. Das kann lokal über die Schule oder die Stadt laufen. Es gibt auch mehrere Onlineangebote, die man unterstützen kann. Bei Haydee e.V. kann man sich zum Beispiel als Mentor bewerben, um einem oder einer Mentee einmal die Woche Nachhilfe zu geben und Ansprechpartner zu sein. Das funktioniert problemlos online. Auch InteGREATer e.V. ist ein bundesweit tätiger Verein, der sich für Schüler engagiert. Dabei gehen erfolgreiche junge Menschen mit Migrationsbiografie an die Schulen und versuchen jüngere Schüler und Schülerinnen in ihrem Bildungsweg zu bestärken und sie zu motivieren. Sie bringen den SchülerInnen ihre eigenen Erfahrungen näher und geben, ganz genau wie dieses Buch, wertvolle und praktische Tipps. Der Verein ist mehrmals prämiert worden und sucht auch immer nach erfolgreichen Vorbildern für ihre Arbeit. Ich empfehle diesen Verein für alle ambitionierte Menschen mit Migrationsgeschichte.

Für Leute ohne Migrationsgeschichte, die bereits im Studium sind, empfehle ich eine Tätigkeit als Tutor für Fächer, bei denen erfahrungsgemäß viele Leute durchfallen, so zum Beispiel Statistik oder Mathematik. Eine andere Möglichkeit ist die Teilnahme an der studentischen Unternehmensberatung. Hier kann man schon einige wertvolle Erfahrungen sammeln. Ein besonders gutes Beispiel ist enactus Germany e.V., die sich durch das Unternehmertum für eine nachhaltige Zukunft einsetzen. Enactus ist eine internationale gemeinnützige Organisation, die sich darauf konzentriert, das soziale Unternehmertum und die unternehmerischen Fähigkeiten von Studenten zu fördern. Die Mitglieder von Enactus arbeiten daran, nachhaltige Lösungen für aktuelle Probleme zu finden und Projekte umzusetzen, die einen positiven sozialen Einfluss haben. Für ambitionierte Menschen mit Migrationsgeschichte, die an einer späteren Gründung interessiert sind, empfehle ich 2hearts, einen Zusammenschluss von Leuten mit diversen Hintergründen, die alle in der Techindustrie arbeiten und gründen. Hier kann ein Engagement auch gleichzeitig ein wertvolles Netzwerk bedeuten.

Das soziale Engagement ist nicht nur für die Bewerbung wichtig, sondern auch für den eigenen Lebensweg. Ich kenne viele Menschen, die über ihre ersten ehrenamtlichen Projekte ihre Berufung gefunden haben. Darüber hinaus sollte das soziale Engagement authentisch sein und nicht allein aus dem Zweck der Stipendienbewerbung heraus entstehen. Man sollte früh anfangen, sich mit sich selbst und der Welt auseinanderzusetzen. Das hilft dabei, die richtigen Entscheidungen zu treffen. Wichtig ist auch zu erwähnen, dass Stipendiengeber in der Regel langfristiges und kontinuierliches Engagement eher schätzen als kurzfristige Aktionen. Soziales Engagement kann auch als Nachweis für bestimmte Fähigkeiten dienen, wie Teamarbeit, Organisationsfähigkeiten, Kommunikation und Führungsqualitäten. Diese Fähigkeiten sind in der Regel sowohl im

Studium als auch im späteren Berufsleben von Vorteil. Man kann also mit einem sozialen Engagement sowohl die Chancen auf ein Stipendium erheblich verbessern als auch an den Kompetenzen arbeiten, die für den Bildungsaufstieg relevant sind.

Warum aber interessieren sich Stipendien für soziales Engagement? Soziales Engagement zeigt zum Beispiel, dass man über den Tellerrand schaut, gesellschaftliche Verantwortung übernimmt und die Bereitschaft hat, für das Gemeinwohl aktiv zu werden. Das sind für Stiftungen und Förderwerke Schlüsselkriterien. Die Stiftungen suchen nach Studierenden, die nicht nur akademisch erfolgreich sind, sondern auch die Welt um sich herum positiv beeinflussen möchten. Viele Stiftungen sind parteinah oder haben ein bestimmtes Wertesystem, nach dem sie die Stipendien vergeben. Das soziale Engagement hilft also, das perfekte Match zu finden. Die Vielfalt der Stipendienangebote in Deutschland ermöglicht es, gezielt nach Stipendien zu suchen, die zu den Interessen und dem sozialen Engagement passen. Ist man zum Beispiel gewerkschaftlich aktiv oder interessiert, dann informiert man sich am besten bei der Hans-Böckler-Stiftung. Ist man parteipolitisch eher bei der FPD, dann schaut man bei der Friedrich-Naumann-Stiftung nach. Es ist ratsam, sich über die Stipendiengeber und ihre Auswahlkriterien zu informieren, um die besten Chancen zu haben. Stipendiengeber suchen nach Bewerbern, die ihr Engagement leidenschaftlich und nachhaltig verfolgen und die in der Lage sind, die positiven Auswirkungen ihres Engagements auf die Gemeinschaft oder die Gesellschaft zu zeigen. Stipendien sind stark nachgefragt, weswegen das soziale Engagement den Unterschied machen kann. Es kann dazu beitragen, sich von anderen Bewerbern abzuheben und die Chancen auf ein Stipendium zu erhöhen. Das Kapitel zu Stipendien und Finanzierung erläutert das stipendiatische System in Deutschland noch genauer und hilft dabei, das perfekte Stipendium zu finden.

Empfehlungen

1. Gute Noten als Schlüssel zum Bildungsaufstieg

Gute schulische Leistungen sind nicht nur ausschlaggebend für den Zugang zu begehrten Studiengängen, sondern auch für die Generierung von Bildungschancen im Allgemeinen. Ein solides Notenfundament legt den Grundstein für eine erfolgreiche Laufbahn.

2. Zulassungsvoraussetzungen kennen

Die frühzeitige Auseinandersetzung mit den Zulassungsvoraussetzungen und dem (N.c.) an Universitäten ist von entscheidender Bedeutung. Dies ermöglicht eine gezielte Vorbereitung, um den eigenen Bildungsweg effektiv zu planen.

3. Fokus und Selbstbewusstsein in der Schulzeit

Trotz möglicher Herausforderungen und Diskriminierung während der Schulzeit ist es wichtig, fokussiert zu bleiben und selbstbewusst an den eigenen schulischen Leistungen zu arbeiten. Das Überwinden von Schwierigkeiten stärkt nicht nur die persönliche Entwicklung, sondern kann auch eine positive Wirkung auf den Bildungserfolg haben.

4. Selbstbegeisterung beim Lernen

Der Ansatz, mit Spaß, Neugier und echtem Interesse an Schulfächern heranzugehen, fördert nicht nur die Lernmotivation, sondern kann auch zu einer nachhaltigen Verbesserung der schulischen Leistungen führen. Die Begeisterung für das Lernen spielt eine Schlüsselrolle bei der Entwicklung von Disziplin und Konsistenz.

5. Soziales Engagement als Schlüssel

Betrachtet euer soziales Engagement nicht nur als Mittel zur Erlangung von Stipendien, sondern auch als integralen Bestandteil eures persönlichen Wachstums. Die Auswahl von gesellschaftlichen Themen, die euch wirklich interessieren, zeigt nicht nur soziale Verantwortung, sondern kann auch dazu beitragen, dass ihr euch als Individuum weiterentwickelt.

6. Informiert euch über Stipendiengeber

Eine gründliche Recherche über die verschiedenen Stipendiengeber in Deutschland ist unerlässlich. Versteht ihre Auswahlkriterien und sucht nach Stipendien, die nicht nur euren akademischen Erfolg, sondern auch euer soziales Engagement würdigen. Die Darstellung von nachhaltigem sozialem Engagement kann den Unterschied bei der Stipendienvergabe ausmachen und eure Chancen erheblich verbessern.

»Persönlichkeiten werden nicht durch schöne Reden geformt, sondern durch Arbeit und eigene Leistung.

Albert Einstein

6. Bewerbungsstrategien

»Wann waren Sie in einem Team schon mal unbeliebt?« Was für eine Frage! Eigentlich kann man da nur falsche Antworten geben. Es sei denn, man ist vorbereitet. Nehmt euch mal einen Moment, um euch zu fragen, was wohl eure Antwort wäre. Besonders Unternehmensberatungen sind für solche Fragen bekannt. Die Auswahlgespräche bei solchen renommierten und beliebten Institutionen haben den Ruf, anders zu funktionieren. Dort trifft man auf Fragen, die bewusst stressen und einen aus der Ruhe bringen sollen. Oder eben auf Fragen, die sich nur sehr kreativ, wenn überhaupt, beantworten lassen. Antwortet man zum Beispiel, dass man noch nie unbeliebt in einem Team war, zeigt das entweder, dass man lügt oder eben nicht genug Selbstreflexion mitbringt. Denn jeder kennt eine solche Situation, egal aus welchem Kontext. Erzählt man hingegen eine verfängliche Geschichte, bei der man nicht so gut wegkommt, weil man zum Beispiel zu egoistisch oder verantwortungslos gehandelt hat, ist auch das nicht förderlich für die Bewerbung. Am allerbesten ist natürlich, wenn man die Antwort auf die Frage schon kennt, aber man kann sich unmöglich auf alle möglichen Fragen vorbereiten.

Allerdings kann man sich auf die Formate an sich sehr gut vorbereiten, weil sie oft demselben Schema folgen. In diesem Kapitel möchte ich verschiedene Strategien für alle Bewerbungsprozesse geben. Bis heute hatte ich nicht nur zehn verschiedene

Stipendien, sondern auch viele Bewerbungssituationen in der akademischen und wirtschaftlichen Welt. Ich wurde schon so einiges gefragt und habe auch mal danebengegriffen. Mittlerweile sitze ich auch auf der anderen Seite, nämlich in verschiedenen Auswahlgremien für Stipendien. Ich kenne mich also gut genug aus, um diese Situation auf seinen Kern herunterzubrechen.

Wie gehe ich vor?

Dazu beschreibe ich chronologisch den ganzen Prozess. Im ersten Schritt muss man unbedingt schauen, ob das ausgeschriebene Profil zu dem eigenen passt. Hier muss man ehrlich und realistisch sein: passen die formellen Aspekte, wie Noten, Praxiserfahrung und Qualifikationen? Falls eines Mal nicht passen sollte, ist das längst kein Grund, sich überhaupt nicht zu bewerben. Man kann in solchen Fällen entweder nochmal bei der Institution nachfragen oder man bewirbt sich und schraubt die Erwartungen schon mal runter (zu Erwartungsmanagement erzähle ich später auch noch mehr). Neben den formellen Aspekten sollte man sich auch fragen, ob man sich mit der Stelle, dem Unternehmen, der Stiftung oder der Universität identifizieren kann. Passen die Werte der Institution zu meinen? Dazu gehört natürlich auch, dass man sich mit den eigenen Werten, Zielen und Vorstellungen auseinandersetzt. Passt ihr zu dem Unternehmen? Könnt ihr euch dort sehen?

Man sollte sich intensiv mit der Stelle und dem Unternehmen

auseinandersetzen und die Bewerbungen so gut wie möglich darauf anpassen. Der Lebenslauf und das Motivationsschreiben sollten überarbeitet werden, damit sie wirklich gut auf die Stelle passen. Besonders im Motivationsschreiben sollte man konkret Bezug zur Ausschreibung nehmen. Es ist ratsam, das Unternehmen, seine Geschichte und aktuelle Projekte zu recherchieren und die stärksten Verbindungen zur Bewerbung zu identifizieren. Man sollte einen oder zwei Verknüpfungspunkte finden und sie in das Motivationsschreiben einweben. Dabei geht es um die sinnvolle Verknüpfung von Unternehmensinformationen mit der Bewerbung.

Es ist wichtig, sich über die Branche, die Unternehmenskultur, die Produkte oder Dienstleistungen, die Mission und Werte des Unternehmens sowie aktuelle Entwicklungen zu informieren. Man sollte die Informationen, die man über das Unternehmen gesammelt hat, mit den eigenen Qualifikationen und Zielen verknüpfen. Dabei sollte man betonen, wie die Fähigkeiten und Erfahrungen zur Unternehmenskultur und den Zielen passen. Man sollte zeigen, dass man motiviert ist, einen Beitrag zur Weiterentwicklung des Unternehmens zu leisten. Hierbei ist es hilfreich, einige Schlüsselwörter zu benutzen, die momentan in dem Unternehmen oder der Branche hoch im Kurs stehen.

Motivationsschreiben

Man sollte in der Bewerbung ein überzeugendes Anschreiben verfassen, in dem klargemacht wird, warum man für die Position geeignet ist. Dabei ist es wichtig, besonders hervorzuheben, was einen besonders für die Stelle qualifiziert und motiviert. Konkrete Beispiele aus der Vergangenheit sollten genutzt werden, um die Fähigkeiten und Erfolge zu belegen. Diese Beispiele sollten die Anforderungen der Stellenausschreibung unterstützen und verdeutlichen, wie man zur Erreichung der Unternehmensziele beitragen kann. Dies hinterlässt einen besonders starken Eindruck. Die Bewerbung muss professionell und gut strukturiert sein. Rechtschreibfehler und Unachtsamkeiten sollten unbedingt vermieden werden. Es ist ratsam, die Bewerbung dringend von einer Person des Vertrauens durchlesen zu lassen.

Für viele Stellen, Stipendien oder Studiengänge werden Motivationsschreiben oder sogenannte Personal Statements gefordert. Der genaue Inhalt dieser Texte hängt von eurer Biografie und der anvisierten Stelle ab. Allerdings folgt die Erstellung dieser Texte immer dem gleichen Schema, das ich am Beispiel meines Personal Statements für den Master *Management of Information Systems and Digital* Innovation an der *LSE* beschreiben möchte. Die aktuelle Studienbeschreibung findet man auf der Homepage der *LSE*. Dort findet man neben der Studienbeschreibung unter anderem auch Erfahrungswerte anderer Studierender, die formellen Zulassungsvoraussetzungen und Hinweise für das Auswahlverfahren. In meinem Fall kamen auf 888 Bewerbungen nur 100 Zusagen. Ich wusste also, dass mein Personal Statement herausstechen musste.

Wenn man ein Motivationsschreiben oder ein Personal Statement verfasst, ist es wichtig, sich zunächst gründlich über den gewählten Studiengang und die entsprechende Universität oder eben die Stelle und das Unternehmen zu informieren. Dabei sollte man die Anforderungen und Erwartungen des Studiengangs und der Stelle verstehen. Der erste Anhaltspunkt ist dabei immer die konkrete Stellenbeschreibung. Beim Lesen einer Stellenausschreibung ist es wichtig, die Anforderungen sorgfältig zu erfassen. Man sollte die gesamte Ausschreibung gründlich durchgehen und dabei Schlüsselwörter, Qualifikationen und besondere Anweisungen markieren. Besonderes Augenmerk sollte auf den Aufgaben und Verantwortlichkeiten sowie den angegebenen Qualifikationen liegen, um sicherzustellen, dass man gut zur Position passt. Auch Hinweise zur Unternehmenskultur und mögliche Standortanforderungen sollten beachtet werden. Es ist ratsam, eventuelle Bewerbungsfristen zu berücksichtigen und, falls Unklarheiten auftreten, beim Unternehmen nachzufragen. Durch eine aufmerksame Lektüre kann man sicherstellen, dass die Bewerbung gezielt und effektiv auf die Position abgestimmt ist. Denn das ist eine der wichtigsten Ziele: das Motivationsschreiben muss explizit zeigen, wie man selbst auf die Stelle passt, nicht wie qualifiziert man generell in diesem Bereich ist.

In meinem Personal Statement habe ich die Studiengangsbeschreibung der *LSE* gründlich analysiert und mein ganzes

Schreiben auf dessen Grundlage strukturiert. Dabei habe ich Leitfragen entwickelt, die mir geholfen haben, konkret sowohl auf die geforderten Kompetenzen als auch auf meine Biografie eingehen. Ich habe darauf geachtet, dass ich zusammenhängend erläutere, welche Lernerfahrungen, Qualifikationen und Erfolge mich dazu befähigen, genau dieses Studium erfolgreich zu absolvieren. Dann ist es wichtig, kohärent darzulegen, wie das Studium meinen Weg in Zukunft stärken kann. Dafür muss man die Uni, die Studieninhalte und das Programm gut kennen. Diese Struktur sollte stehen, noch bevor man das erste Wort des eigentlichen Textes schreibt. Die Struktur des Statements sollte klar und prägnant sein, üblicherweise bestehend aus einer Einleitung, einem Hauptteil und einer Schlussfolgerung. Man kann es aber auch anders strukturieren, wenn sich das anbietet. In meinem Statement habe ich acht Unterpunkte entworfen und damit einen Spannungsbogen erstellt.

Bei der Erstellung des Statements ist Selbstreflexion entscheidend. Man sollte darüber nachdenken, warum genau dieses Studium gewählt wurde und dabei die eigenen Interessen, Fähigkeiten, Erfahrungen und persönlichen Eigenschaften betonen, die für das Studium relevant sind. Dafür lohnt es sich, eine Liste mit passenden Erfahrungen auf Grundlage der Ausschreibung zu erstellen. Oft übersieht man nennenswerte Ereignisse. Man kann es an dieser Stelle nicht oft genug betonen: es geht hier um das Match zwischen der Biografie und dem Studium oder der Stelle. Im Hauptteil des Statements gilt es deswegen, die akademischen Erfolge, beruflichen Erfahrungen,

Fähigkeiten und persönlichen Eigenschaften zu betonen, die einen für das Studium qualifizieren. Konkrete Beispiele sollten genutzt werden, um zu zeigen, wie diese Erfahrungen auf das Studium vorbereitet haben. Am besten man sucht sich ein oder zwei markante Beispiele aus, denn diese Texte haben immer bestimmte Längenvorgaben und man muss sich zwingend daranhalten. Ein oder zwei markante Beispiele reichen, um einen Spannungsbogen aufzubauen, der den Text herausstechen lässt. Wichtig ist der Bezug zum gewählten Studiengang. Man sollte erklären, warum dieser Studiengang wichtig ist und wie er zu den langfristigen Zielen und Interessen passt. Es ist ratsam, auch die eigenen langfristigen Ziele nach dem Studium zu diskutieren und zu zeigen, wie das Studium einen Beitrag zur persönlichen und beruflichen Entwicklung leisten wird. In meinem Fall habe ich meine Bewerbung damit begründet, dass ich durch mein duales Studium an mehreren Stellen die Wichtigkeit von sozialen Prozessen für erfolgreiches Management erkannt habe. Diese Erkenntnisse sollten dann mit diesem spezifischen Master ausgebaut werden. Ich habe damit einen roten Faden gesponnen, der sich elegant durch die Bewerbung hindurchzieht.

In dem Bewerbungsverfahren lesen die Prüfer lauter solche Texte. Man sollte also einen Text verfassen, der diese Leute abholt und sie davon überzeugt, dass man nicht nur genau weiß, worauf man sich einlässt, sondern, dass man diese Herausforderungen auch meistern wird und wie man selbst eine Bereicherung für den Studiengang oder das Unternehmen ist. Das

Personal Statement sollte deswegen persönliche Einblicke und Erfahrungen teilen, die einen als einzigartig und besonders für das Studium machen. Bei der Sprache und im Stil ist es wichtig, eine klare, präzise und überzeugende Ausdrucksweise zu verwenden, Jargon zu vermeiden und einen professionellen Ton beizubehalten. Bevor man das Statement einreicht, sollte man es gründlich Korrektur lesen und bestenfalls Feedback von Lehrern, Mentoren oder Beratern einholen. Das kann ich nicht genug betonen. Die Authentizität sollte dabei stets bewahrt werden, um die eigene Persönlichkeit und Motivation für das Studium glaubhaft zu präsentieren. Kommentare und Anmerkungen von anderen sollten als genau solche verstanden werden. Letztendlich muss man sich selbst gut mit dem Text fühlen.

Lebenslauf

Neben diesem Schreiben gehört zu jeder erfolgreichen Bewerbung ein passender Lebenslauf. Auch meinen Lebenslauf habe ich auf dem Google Drive hochgeladen. Die Vorlage darf man gerne reproduzieren. Ich habe als Teil diverser Auswahlgremien im beruflichen und akademischen Kontext schon mehr als 400 Lebensläufe gesehen oder korrigiert. Dabei fällt immer wieder das gleiche Problem auf: die Leute schreiben, was sie schon gemacht haben, aber nicht, was sie schon erreicht haben. Sie beschreiben die Tätigkeit, aber nicht das Resultat. Das zeigt der Auswahlkommission aber nicht, ob man wirklich produktiv mit der Arbeitszeit umgeht. Man muss also dringend darauf achten, die produktiven Ergebnisse der eigenen Tätigkeit zu betonen, so wie zum Beispiel erfolgreiche Verkaufsgespräche, die Erstellung und Implementierung eines neuen Arbeitsmodells oder die Betreuung von 100 Kunden im Highend-Segment.

Daneben gibt es drei Hauptfehlerquellen, die man vermeiden sollte. Der Lebenslauf muss klar und übersichtlich strukturiert sein. Ein unstrukturierter Lebenslauf kann dazu führen, dass wichtige Informationen übersehen werden. Außerdem sollte man auf vage Formulierungen verzichten, vor allem wenn sie nicht konkret auf die Erfahrungen und Fähigkeiten eingehen. Am besten man nimmt konkrete Beispiele und handfeste Zahlen, um die Leistungen zu verdeutlichen. Die dritte Fehlerquelle ist eine fehlende Anpassung an die Stellenanforderungen. Es ist gut, einen generischen Lebenslauf zu erstellen, aber er muss für die Bewerbung immer an die spezifischen Anforderungen der ausgeschriebenen Stelle angepasst werden.

Um einen erfolgreichen Lebenslauf zu verfassen, sollte man sicherstellen, dass er prägnant, klar und professionell ist. Er gibt einen ersten Eindruck und sollte deswegen optisch auch eure Bewerbung unterstützen. Man beginnt mit den persönlichen Kontaktdaten und einem aussagekräftigen Berufsziel oder einer Zusammenfassung. Das erleichtert die Orientierung und gibt den Lesern einen Rahmen. Die relevanten beruflichen Erfahrungen werden aufgelistet, beginnend mit der neuesten Position. Dabei betont man spezifische Erfolge und Verantwortlichkeiten. Diese sollte man so gut wie möglich quantifizieren und konkretisieren. Dabei müssen die eigenen Erfolge so gut wie möglich eingeschätzt und beziffert werden. Abschnitte für Bildung, Fähigkeiten und Qualifikationen werden hinzugefügt, wobei man besonders auf relevante Schlüsselkompetenzen eingeht. Es ist ratsam, quantifizierbare Ergebnisse zu integrieren, wenn möglich, um die Leistung zu veranschaulichen. Man sollte auch relevante Weiterbildungen, Zertifikate oder Sprachkenntnisse erwähnen. Der Lebenslauf wird mit Interessen oder Aktivitäten abgeschlossen, die berufsbezogen sind. Hier ist es nicht ratsam, einfach alle Interessen aufzulisten. Man sollte nur die Interessen auswählen, die der Bewerbung einen Mehrwert verleihen. Genau wie bei dem Motivationsschreiben ist ein Korrekturlesen entscheidend, um Rechtschreibfehler zu vermeiden. Ein gut strukturierter und auf die jeweilige Position zugeschnittener Lebenslauf hebt die Qualifikationen hervor und steigert die Chancen auf eine erfolgreiche Bewerbung. Er sollte eine angemessene Länge haben und immer aktuell sein. Auch die angefügten Arbeitszeugnisse müssen unbedingt für die Stelle relevant sein. Es ist nicht förderlich einfach alle Zeugnisse hochzuladen, denn die meisten sind für das Auswahlverfahren nicht interessant und überschatten vielleicht sogar das Zeugnis, das für die Stelle besonders wichtig ist. Es gibt auch gute Software, mit denen man verschiedene Lebensläufe erstellen kann.

Wie läuft ein Auswahlverfahren ab?

Heutzutage sind Bewerbungsprozesse mehrstufig, besonders bei großen Unternehmen. Sie folgen alle einem bestimmten Schema und sind deswegen trainierbar. Wichtig ist, dass dieses Kapitel in Kombination mit dem Kapitel zum Wachstumsmindset gelesen wird, denn sie ergänzen sich sehr gut und sind hilfreich für alle, die sich an die Bewerbungsvorbereitung und -nachbereitung wagen. Denn die Tests und Stufen sind meiner Meinung nach Lernsache, da sich die Aufgaben wiederholen und die Übungen nach ähnlichen Prinzipien konzipiert sind. Ich will euch den Bewerbungsprozess am Beispiel eines Assessment Center näherbringen, da ich nicht nur viele selbst durchlaufen habe, sondern auch Mitglied einer Auswahlkommission bin.

Ein Assessment Center (AC) ist ein Auswahlverfahren, das von Unternehmen genutzt wird, um die Fähigkeiten und Eigenschaften von Bewerbern zu bewerten. Der mehrstufige Prozess beinhaltet verschiedene Übungen, die darauf abzielen, die beruflichen und sozialen Kompetenzen der BewerberInnen zu bewerten. Dies kann Gruppenübungen, Präsentationen, Rollenspiele, Tests und Interviews umfassen. In den Gruppenübungen muss man unbedingt kooperativ arbeiten, ohne die individuellen Stärken zu vernachlässigen. Es ist wichtig, gut zuzuhören, im Team zusammenzuarbeiten und konstruktive Beiträge zu leisten.

In meinem Fall nehme ich da gerne die Moderatorenrolle ein,

da ich so nicht nur zeigen kann, dass ich verständnisvoll auf verschiedene Positionen eingehen kann, sondern auch produktiv mit ihnen umgehen kann. Auch Rollenspiele sind eine hervorragende Möglichkeit, starke Problemlösungskompetenzen und soziale Fähigkeiten zu zeigen. Die Gruppenübungen und Rollenspiele provozieren die BewerberInnen bewusst und man muss dann unbedingt einen klaren Kopf behalten. Oft kommen Fragen zu kontroversen Themen. Dabei habe ich schon oft erlebt, dass andere BewerberInnen sich dann zu stark in Szene setzen wollen. Sie beanspruchen dann einen überproportionalen Sprechanteil und wollen unbedingt zeigen, was sie alles wissen. Diese BewerberInnen werden meiner Erfahrung nach nicht genommen, denn solche Übungen begutachten die Teamfähigkeiten. Man muss versuchen, die verschiedenen Positionen zusammenzubringen, um daraus einen Kompromiss für die gesamte Gruppe herzustellen. Allerdings muss man dabei aber auch darauf achten, dass man auch eigene konstruktive Beiträge bringt und nicht ›nur‹ synthetisiert. BewerberInnen, die in solchen Aufgaben aber zu schüchtern sind und sich nicht wirklich aktiv beteiligen, werden auch nicht genommen. Es kommt auf die richtige Balance an.

Die Präsentationen sollte man so gut wie möglich planen und sich unbedingt an die Zeitvorgaben halten. Man sollte gut vorbereitet sein auf Einzel- und Gruppeninterviews. Man sollte dabei die Erfahrungen und Fähigkeiten betonen, die für die Position relevant sind. Genau wie im Anschreiben sollte man dafür die wichtigen Schlüsselwörter im Hinterkopf haben. Man kann Interviews mit FreundInnen proben und sich besonders auf unerwartete Fragen vorbereiten. Das kann man machen, indem man die Freunde bittet, auch nicht vorher abgesprochene Fragen zu stellen. Man reflektiert dann gemeinsam im Anschluss das Interview und verbessert die Antworten. Das bereitet einen super vor.

Wir alle sind vor solchen Auswahltagen aufgeregt. Das ist ein bewusst herbeigeführter Effekt, den die Verantwortlichen nutzen, um zum Beispiel die Belastbarkeit auf Stress einzuschätzen. Normalerweise geht so ein AC auch den ganzen Tag oder mehrere Tage. Deswegen mein persönlicher Ratschlag: Man muss authentisch und glaubwürdig bleiben.

Man sollte nicht zu krampfhaft versuchen, ein idealisiertes Bild von sich zu zeigen. Denn das ist nicht nur anstrengend, sondern vor allem durchschaubar. Die Verantwortlichen des AC sind genau dafür ausgebildet, d.h. sie merken, wenn man sich verstellt. Natürlich sollte man sein Bestes geben, aber man sollte authentisch und glaubwürdig bleiben. Keiner kauft es einem ab, wenn man im Gruppenkontext nur den eigenen Beitrag hören will und dann im Interview erzählt, dass man im Team eher die Moderatorenrolle übernimmt. Die Auswahlkommission wird einen in diesem Fall nicht auswählen, denn kein Unternehmen möchte einen Mitarbeiter, der sich verstellt und nicht seine wahre Persönlichkeit zeigt. Besonders im persönlichen Interview wird auf Glaubwürdigkeit geachtet. Die Antworten sind auch wichtig, aber es ist eher das Auftreten, was am Ende im Gedächtnis bleibt. Man sollte die Interviewer in dem Gespräch für sich gewinnen, indem man klare und deutliche Antworten gibt, die auch wirklich zu einem passen. Am Ende sollte man unbedingt Fragen stellen, falls man die Möglichkeit dazu hat. Aber auch hier ist wichtig: Diese Fragen müssen ernst gemeint sein und auf der Unternehmensrecherche basieren. Man sollte der Kommission zeigen, dass man weiß, auf welche Stelle man sich bewirbt.

Darüber hinaus beeindrucken erfolgreiche BewerberInnen auch damit, dass sie immer konkret bleiben. Jedes Vorstellungsgespräch beinhaltet Fragen zu Stärken, Schwächen, Konfliktsituationen und Teamfähigkeiten. Hierbei erlebe ich immer wieder, dass nur solche Antworten zufriedenstellen, die sich auf ein konkretes Beispiel aus der Vergangenheit beziehen. Wenn die BewerberIn nur hypothetisch ihre Stärken aufzählt, wirkt das unglaubwürdig und nicht rund. Man sollte sich also eine Reihe von Erfahrungen und Beispielen vorher überlegt haben, denn man überzeugt die Kommission nur mit glaubwürdigen und nachvollziehbaren Beispielen. Diese müssen nicht zwangsläufig aus dem Berufsleben kommen. Das Interview ist prinzipiell erstmal eine Möglichkeit, sich als Person vorzustellen. Die Kommission schaut dann, ob man zu der Position passen würde. Man sollte sich diese Beispiele deswegen nicht ausdenken, sondern vorher die bisherigen Erfahrungen reflektieren. Wenn man mutig, offen und reflektiert über die eigenen Erfahrungen berichtet, kommt das meistens gut an. Es zeigt, dass man nicht nur offen ist, sondern auch eine gewisse Selbstreflexion mitbringt. Das kann ich nicht oft genug betonen. Es geht nicht darum, was man gemacht hat, sondern was man daraus gelernt hat und mitbringt. Man sollte das Interview also als eine Chance sehen, sich der Kommission als Mensch zu präsentieren.

Mein Umfeld fragt mich auch immer wieder, ob die Gehaltsfrage in einem ersten Gespräch Sinn macht. Meiner Meinung nach sollte man das nicht direkt ansprechen, wenn es nicht schon vorher im Gespräch Thema war. Falls man aber über die Gehaltsvorstellungen gefragt wird, sollte man eine konkrete und realistische Zahl angeben. Das Gehalt wird am Ende sowieso erst später verhandelt. Man sollte aber nicht zu viel Zeit damit verschwenden und zu stark darüber nachdenken, ob das angegebene Gehalt jetzt zu viel oder zu wenig ist. Das ist in dem Moment erstmal nicht wichtig. Wenn man in den Auswahltagen überzeugt hat, wird das Unternehmen ohnehin ein attraktives Angebot machen.

Erwartungsmanagement

Auch trotz bester Vorbereitung und einem guten Gefühl kann es sein, dass man die Stelle nicht bekommt. Absagen gehören zu unserem modernen Leben dazu. Das Thema ist so wichtig und vorbelastet, dass ich es im nächsten Kapitel nochmal ausführlicher erläutern möchte. An dieser Stelle passt es aber zu erwähnen, dass besonders solche AC äußerst kompetitiv sind. Das Unternehmen hat immer nur eine streng begrenzte Kapazität und die Entscheidung darüber liegt ausschließlich bei der

Auswahlkommission. Jede dieser Personalentscheidungen ist subjektiv. Es kann sein, dass man ein großartiges Gefühl hatte, weil man viele der geplanten Punkte umsetzen konnte, nur um dann doch eine Absage zu bekommen. Man sollte das niemals persönlich nehmen. Manchmal liegt es an dem Match mit der Auswahlkommission, manchmal aber auch an der spezifischen Stellenausschreibung. Ein zentraler Punkt ist das Erwartungsmanagement. Man muss sich bewusst machen, dass es wahrscheinlich nicht bei der ersten Bewerbung klappen wird. Auch muss man lernen, die eigenen Chancen realistisch einzuschätzen, denn das zeigt, dass man besser darin wird, Ausschreibungen zu verstehen und die Bewerbung darauf anzupassen. Besonders beim Berufseinstieg sollte man sich auch darauf einstellen, dass man viele Bewerbungen schreiben muss.

Empfehlungen

Bewerbungsprozesse lassen sich gut systematisch betrachten. Jede Bewerbung bereitet einen auf die nächste vor. Aus meiner eigenen Erfahrung kann ich die folgende sechs Punkte hervorheben:

1. Selbstanalyse

Bei der Vorbereitung auf eine Bewerbung ist eine ehrliche Selbstanalyse entscheidend. Ein realistischer Blick auf das eigene Profil ermöglicht die gezielte Anpassung der Bewerbungsdokumente. Man muss seine eigenen Stärken und Schwächen, aber auch Ziele und Ambitionen klar kennen, um eine erfolgreiche Bewerbungsstrategie zu entwerfen.

2. Recherche

Man sollte sich ausführlich über die Stelle und Institution informieren. Die ersten Anlaufpunkte sind die Website und natürlich die Stellenausschreibung. Sie sollte genau studiert werden. Man kann darüber hinaus auch noch berufliche Netzwerke nutzen, um Insiderinformationen zu erhalten und potenzielle Arbeitgeber kennenzulernen.

3. Gezielte Anpassung an die Stelle

Lebenslauf und Motivationsschreiben sollten nicht nur formell überarbeitet, sondern auch spezifisch auf die ausgeschriebene Position zugeschnitten werden. Dabei ist es wichtig, relevante Schlüsselwörter zu integrieren und klare Bezüge zur Ausschreibung herzustellen.

4. Motivationsschreiben & Lebenslauf

Der Lebenslauf muss klar, prägnant und an die jeweilige Position angepasst sein. Im Motivationsschreiben gilt es, konkrete Beispiele zu betonen, die Qualifikationen und Erfolge verdeutlichen. Die Verknüpfung der eigenen Erfahrungen mit den Anforderungen der Stelle hinterlässt einen besonders starken Eindruck. Man sollte auch auf die eigene Onlinepräsenz achten und sie pflegen, insbesondere auf Plattformen wie LinkedIn.

5. Vorbereitung & Interview

Vor dem Interview ist Selbstreflexion entscheidend. Über Stärken, Schwächen und passende Erfahrungen nachzudenken, ermöglicht ein authentisches Auftreten und vermeidet, dass ihr euch zu stark verstellt. Die praktische Vorbereitung auf Auswahlverfahren beinhaltet das Üben von Interviews mit Freunden, insbesondere das Reagieren auf unerwartete Fragen. Klare und deutliche Antworten im Gespräch überzeugen die Interviewer.

6. Follow-Up

Ein zentraler Punkt ist das Erwartungsmanagement. Bewerber sollten ihre Chancen realistisch einschätzen und Absagen als Teil des Bewerbungsprozesses akzeptieren. Erfolgreiches Bewerben erfordert oft mehrere Versuche und eine kontinuierliche Weiterentwicklung. Die realistische Einschätzung der eigenen Chancen ist entscheidend und auch eine Schlüsselkompetenz für die Zukunft. Man sollte eine Dankesnachricht schreiben und sich erkundigen, wie die Bewerbung lief, es sei denn, es wird ausdrücklich davon abgeraten.

»Wer aufgehört hat, besser zu werden,
der hat aufgehört, gut zu sein.«

Philip Rosenthal (zugeschrieben)

7. Absagen

Obwohl ich mittlerweile in der Luftfahrtindustrie tätig bin, müsst ihr wissen, dass mich Autos seit meiner Kindheit faszinieren. Ich erinnere mich noch ganz genau an den Moment, als ich das erste Mal bewusst einen Mercedes-Benz durch unsere Straße fahren sah. Ich hatte bestimmt schon vorher mal einen gesehen, aber an diesen Moment erinnere ich mich ganz genau, als ob's gestern wäre. Wir spielten auf der Straße als dieser mattgrüne Mercedes in unsere Straße abbog, langsam an uns vorbeifuhr und ein paar Meter weiter parkte. Der Mercedes lag tief, hatte riesengroße Reifen und bewegte sich mit einer Eleganz, die ich als Kind noch nicht gesehen hatte. Alles an diesem Wagen glänzte so sehr, dass ich mich nicht mal daran erinnere, wer aus dem Wagen ausstieg. Mir wurde aber klar: So einen will ich auch irgendwann mal fahren.

Etwa 17 Jahre später suchte ich nach meinem Abitur dementsprechend nach passenden Praktika bei großen Automobilherstellern. Da durfte eine Bewerbung bei Mercedes Benz nicht fehlen. Ich fand also eine Ausschreibung für ein Praktikum und träumte bereits von einem Karriereeinstieg bei Mercedes (und dem ein oder anderen Dienstwagen). Ich durchlief die Bewerbungsphase und hatte ein gutes Gefühl bei der Sache – ginge es nach mir, passten meine Bewerbung, mein Profil und meine Motivation perfekt zu den

Anforderungen. Die Personaler sahen das aber anders: Ich bekam eine Absage.

Mich traf diese Absage schwer. Ich hatte mich schon zu früh auf eine Zusage eingestellt und hatte zu diesem Zeitpunkt noch nicht gelernt, mit Absagen umzugehen. Ich hatte bis dahin stets Zusagen bekommen und bin bei verschiedenen Stipendienprogrammen immer herzlich empfangen worden. Diese Absage aber traf mich tief. Ich begann an mir selbst zu zweifeln und verlor die Motivation, für die mich die anderen Menschen schon immer schätzten. Ich fing an zu grübeln und stellte meine eigenen Kompetenzen in Frage: Vielleicht bin ich einer so großen Industrie nicht gewachsen? Vielleicht habe ich da einfach nichts verloren? Soll ich mir lieber ein kleines Unternehmen für mein Praktikum suchen?

Wie geht man mit Absagen um?

Jeder kennt solche Fragen und Selbstzweifel. Viele Menschen reagieren auf Absagen genauso. Sie nehmen es persönlich und stellen sich und ihre Fähigkeiten in Frage. Der Blick ist dabei stets auf die eigene Person gerichtet. Das nagt an unserem Selbstwertgefühl. Wir werden unsicher und suchen Zuflucht. Gleichzeitig verstärkt eine Absage auch das Gefühl, dass die anderen einfach besser sind – besser qualifiziert, besser vorbereitet und einfach besser geeignet. Meistens fiebern wir einer Antwort entgegen und sind dann umso enttäuschter bei einer

Absage. Auch wenn Absagen zu unserem akademischen und beruflichen Leben dazu gehören, können die meisten Menschen nicht sofort damit umgehen, mir inklusive. Doch ein produktiver Umgang mit Absagen ist unglaublich wichtig für Bildungsaufsteiger, denn besonders wir müssen uns auf die Absagen vorbereiten, die hundertprozentig auf uns zukommen werden.

Nach der Absage von Mercedes-Benz brauchte ich eine Weile, um mich wieder zu motivieren. Ich recherchierte und informierte mich über das Phänomen und fand dabei wertvolle Ressourcen und Strategien, die mir auch in diesem Fall geholfen haben. Diese Einblicke möchte ich teilen, damit andere Aufsteiger besser auf die zukünftigen Absagen vorbereitet sind und nicht in so ein Loch fallen.

Auch ein Blick in das Auswahlverfahren an sich wirkt einigen dieser Konsequenzen entgegen. Ich sitze seit einiger Zeit in verschiedenen Auswahlgremien und verstehe jetzt, wie die Prozesse aufgebaut sind und wie über Zu- oder Absagen entschieden wird. Dabei steht eben nicht immer die allgemeine Kompetenz oder Qualifikation der BewerberInnen im Mittelpunkt. Je nach Situation wird besonders auf andere Faktoren geachtet, wie zum Beispiel das Match zwischen der Persönlichkeit des Bewerbers und dem restlichen Team. Diese Einschätzung beruht auf vielen Annahmen, da das Auswahlgremium die Person oft nur über die Bewerbung und eventuell das Bewerbungsgespräch kennt. Wir wissen alle, wie schwierig es ist, in einem so kurzen Gespräch eine andere Person vollständig einschätzen zu können. Bewerbungsgespräche sind künstliche Situationen und geben deswegen auch immer nur bedingt Auskunft. Über eine Zu- oder Absage entscheidet also nicht die Qualifikation der Person, sondern die Auswahlkriterien des Gremiums. Das ist ein wichtiger Unterschied. Natürlich wird diesem Effekt heute besonders bei großen Unternehmen mit längeren Assessment Centern entgegengewirkt, aber auch diese haben ihre Limitationen und können niemals den oder die BewerberIn umfassend richtig einschätzen.

Bewirbt man sich auf eine Stelle, tut man genau das – man bewirbt sich auf eine bestimmte Stelle mit explizit festgelegten Anforderungen, Bedingungen und Voraussetzungen. Unternehmen und Organisationen suchen nach einem bestimmten Profil, d.h. eine Absage sagt streng genommen nichts über die allgemeine Qualität der Bewerbung oder über die Qualifikation aus. Ganz im Gegenteil drückt eine Absage aus, dass die Bewerbung nicht zu dem gesuchten Profil passt. Man darf sich davon nicht beirren lassen. Darüber hinaus hängen Bewerbungen auch maßgeblich von zwischenmenschlichen Aspekten ab, die sich nur schwer steuern lassen. Ich hoffe, es wird klar, dass Zu- und Absagen von vielen verschiedenen Faktoren abhängen, von denen viele auch nicht direkt mit der Person und den Qualifikationen zu tun haben.

Für mich ist hierbei der Begriff Zugang zentral. Ein Praktikum ist ein Zugang zu einem Unternehmen, der auch dabei hilft, die ganze Branche zu verstehen. Auch eine Bewerbung für eine renommierte Universität ist eine Bewerbung um Zugang. Nur weil eine Institution einen einmal ablehnt, heißt das nicht, dass die Türen zu dieser Branche oder Universität für immer geschlossen bleiben werden. Man sollte die Absagen nicht generalisieren, sondern von ihnen lernen und es bei vergleichbaren Institutionen nochmal versuchen. Bewerbungen sind ein Zahlenspiel. Man muss es nur oft genug versuchen und die Bewerbung dabei immer wieder an die Ausschreibung anpassen.

Wie gehen wir also am besten mit Absagen um? In einem ersten Schritt müssen wir uns den Auswahlprozess genau vor Augen führen, um zu verstehen, dass diese Absage keine persönliche Absage ist. Sie sagt nichts über uns als Personen aus. Es bedeutet einfach, dass unsere Bewerbung, so wie sie die Institution wertet, nicht zu den vorher festgelegten Kriterien passt. Und das ist okay. Es ist auch wichtig, sich davon nicht entmutigen zu lassen. Man sollte also an den roten Faden wieder anknüpfen und die eigenen Ziele wieder konkret anvisieren. Man muss sich dafür einen anderen Weg suchen, um die Enttäuschung und Frustration zu verarbeiten. Einige machen Sport und andere wiederum brauchen nur ein paar Tage Ruhe, um sich wieder zu fangen. Mir hilft da immer Bewegung. Ihr kennt euch am besten. Sammelt eure Energie und setzt euch an den nächsten Versuch.

Darüber hinaus kann ich noch einen sehr wertvollen Hinweis geben: Enttäuschungen sind die Kinder von Erwartung. Oft sind wir nur so stark enttäuscht, weil wir viel erwartet haben. Das große Loch, in das wir bei Absagen manchmal fallen, ist nur so groß, weil wir es so groß haben werden lassen. Im Umkehrschluss bedeutet das auch, dass wir schon früh an diesen Erwartungen arbeiten sollten. Erwartungsmanagement ist eine

Schlüsselkompetenz und hoch relevant für Bewerbungen. Man muss früh lernen, die eigenen Chancen realistisch einzuschätzen und das Selbstwertgefühl nicht von den Entscheidungen Dritter abhängig zu machen. Das ist eine Lehrerfahrung, die immer wieder wichtig sein wird.

Was ist also aus meinem Traummercedes geworden? Nach der Absage nahm ich nochmal all meinen Mut und meine Mühe zusammen und bewarb mich bei Porsche. Die Reflexion über meine eigenen Ziele und Stärken gab mir die Motivation, es nochmal zu versuchen. Ich ging gestärkt aus dieser Phase und fühlte mich gewappnet. Und siehe da: es hat funktioniert. Ich bekam eine viel bessere Praktikumsstelle als Vertriebsassistent bei Porsche in Stuttgart, die mir in der Retrospektive viel mehr gebracht hat als das zuvor anvisierte Praktikum bei Mercedes-Benz. Die Freude bei der Zusage war natürlich in Anbetracht der vorherigen Absage und der Selbstzweifel umso größer. Ich bekam sehr schnell Verantwortung übertragen und kümmerte mich sowohl um den Fuhrpark als auch um die Vorführfahrzeuge. Ich hatte sogar die Möglichkeit, intensiv an einem Projekt für die bessere Customer-Experience mitzuwirken, bei dem wir ein Abenteuer-Rennen im Schwarzwald organisierten. Insgesamt habe ich in diesem Praktikum viel gelernt. Die Zeit hat mich nachhaltig geprägt und ich bin froh, dass ich mich von der ersten Absage nicht habe entmutigen lassen.

Empfehlungen

In diesem wichtigen Kapitel habe ich einige Tipps zum Umgang mit Absagen gegeben. Ich habe selbst gelernt, wie schwierig es ist, die Motivation nach enttäuschenden Absagen wieder aufzubauen. Meine Tipps sollen dabei helfen, Absagen als Teil des Bewerbungsprozesses zu akzeptieren und als Chance zur persönlichen Weiterentwicklung zu nutzen. Dabei sind folgende Punkte wichtig:

1. Verstehe den Auswahlprozess
Absagen sind keine persönlichen Zurückweisungen, sondern vielmehr ein Hinweis, dass die Bewerbung nicht zu den vorher festgelegten Kriterien passt.

2. Lass dich nicht entmutigen
Die Absage sollte nicht dazu führen, die eigenen Ziele aufzugeben. Stattdessen sollte man den roten Faden wieder aufnehmen und seine Ziele konkret verfolgen.

3. Finde Wege, um Enttäuschung zu bewältigen
Jeder Mensch hat unterschiedliche Bewältigungsstrategien, sei es Bewegung, Yoga oder Ruhe. Es ist wichtig, eine Methode zu finden, die einem hilft, die Enttäuschung zu verarbeiten und sich erneut zu motivieren.

4. Arbeite an deinen Erwartungen
Erwartungsmanagement ist entscheidend. Es wird empfohlen, realistische Erwartungen zu entwickeln und das Selbstwertgefühl nicht von den Entscheidungen anderer abhängig zu machen.

5. Lerne aus Absage
Absagen sollten als Lernmöglichkeiten betrachtet werden. Sie bieten die Gelegenheit, die Bewerbung zu verbessern und sich weiterzuentwickeln.

6. Versuche es erneut
Nach einer Absage sollte man nicht aufgeben, sondern sich auf den nächsten Versuch vorbereiten und weiterhin Bewerbungen versenden.

»Der Unterschied zwischen einem Arbeitsplatz
und einer Karriere besteht in mindestens zwanzig Stunden
in der Woche.«

Bekannter Aphorismus

8. Stipendien und Finanzierung

Die Finanzierung des Studiums stellt für viele angehende Studierende in Deutschland eine erhebliche Herausforderung dar. Auch wenn es an öffentlichen Institutionen keine Studiengebühren gibt, kommen der Semesterbeitrag, die Lebenshaltungskosten, studienspezifische Ausgaben und Kosten für alle anderen Freizeitaktivitäten auf Studierende zu. Die Kosten variieren je nach Studienort, Lebensstil und individuellen Bedürfnissen. Oft geht auch ein Umzug mit Studienbeginn einher, was wiederum bedeutet, dass jetzt auch Mietzahlungen und hohe Umzugskosten anstehen. Für die Finanzierung des Studiums stehen einem eine Reihe von Möglichkeiten zur Verfügung. In diesem Kapitel möchte ich einige dieser Wege zeigen. Mir geht es hierbei vor allem darum, euch zu ermutigen, euch für ein Stipendium zu bewerben. Dafür stelle ich die wichtigsten Stipendien vor, damit man selbst entscheiden kann, welches am besten in Frage kommt. Natürlich gebe ich auch strategische Tipps, damit man bei den Bewerbungen auch erfolgreich ist. Ich habe bereits über zehn hochkompetitive Stipendien erhalten, von denen ich hier und im Kapitel zum Netzwerk berichten möchte. Nicht alle Stipendien zahlen Geld. Manche haben einen anderen Ansatz oder bieten zum Beispiel Mentoring an. Diese Art von Stipendien erkläre ich genauer im Kapitel Netzwerk. Hier soll es um eure grundlegende Studienfinanzierung gehen.

Man kann vor oder während des Studiums arbeiten, um so selber für die Kosten aufzukommen. Ich kann euch davon ein Lied singen. Meinen eigenen Master an der *LSE* und Kurse in *Oxford* (beide gehören zu den G5 UK Elite Unis) habe ich teils über Stipendien und teils selbst finanziert und weiß, wie wichtig die finanzielle Sicherheit dabei ist. Ich habe dual studiert und hatte deswegen immer die Möglichkeit auch Geld zu verdienen und zu sparen. Das ist aber nicht der Regelfall, besonders wenn man nicht dual studiert.

Was sind Stipendien?

Die beste Variante für eure Studienfinanzierung ist ein Stipendium. Denn Stipendien bieten nicht nur finanzielle Unterstützung, sondern oft auch eine ideelle Förderung und eine wichtige Anerkennung für Studienleistungen und soziales Engagement. Stipendien ermöglichen es, sich vollkommenauf die akademischen Ziele zu konzentrieren, ohne sich übermäßig um finanzielle Engpässe sorgen zu müssen. Im Gegensatz zu Studienkrediten bieten Stipendien den Vorteil, dass sie nicht zurückgezahlt werden müssen, was die finanzielle Last nach dem Studium erheblich erleichtert. Sie spielen also eine entscheidende Rolle bei der Studienfinanzierung.

In Deutschland gibt es eine Vielzahl von Stipendienangeboten, die auf unterschiedlichen Kriterien basieren und unterschiedliche Zielgruppen haben. Hier möchte ich erklären, wie

Stipendien funktionieren, was sie anbieten, wo der Mehrwert für die Studierenden liegt und wie man sie bekommt. Dafür gibt dieses Kapitel einen Überblick über die Anzahl, Profile, Angebote, Leistungen und Profile der wichtigsten Stipendien. Zu den bekanntesten Stipendiengebern gehören politische Stiftungen, gemeinnützige Organisationen, Unternehmen und Universitäten. Jede dieser Organisationen hat unterschiedliche Programme und Kriterien, was die Gesamtzahl der Stipendiaten vielfältig gestaltet. Hier möchte ich einen Einblick in deren Unterschiede geben, damit man besser entscheiden kann, welche für einen in Frage kommen. Allerdings muss man dabei auch immer selbst recherchieren, denn die Angebote und Bewerbungsvoraussetzungen ändern sich ständig. Dabei hilft auch das Kapitel über Bewerbungsstrategien, da die dort erklärten Skills auch für die Bewerbung um ein Stipendium wichtig sind.

Insgesamt bieten diese Stipendien erstmal die Möglichkeit, das Studium zu finanzieren. Sie bieten darüber hinaus auch eine sogenannte ideelle Förderung, d.h. sie bieten Seminare, Workshops, Sprachschulen und andere Möglichkeiten an, sich über das Studium hinaus mit bestimmten Themen und innerhalb der StipendiatInnengemeinschaft zu beschäftigen. Sie bezahlen auch manche Studiengebühren im Ausland oder an privaten Universitäten. Die Stipendien sind aber auch eine erste Anlaufstelle für das Netzwerk, denn dort trifft man auf andere begabte und ambitionierte Menschen. Ein Stipendium lohnt sich also aus vielen verschiedenen Gründen.

Im Google Drive findet man auch ein Dokument, das alle

wichtigen Stipendien in Deutschland auflistet. Dort findet man Informationen zu den Profilen, Angeboten, aber auch Bewerbungsfristen und Auswahlkriterien. Für eine Bewerbung ist es unabdingbar, sich vorher ausführlich mit diesen Sachen auseinanderzusetzen.

Die 13 Begabtenförderwerke

Es gibt in Deutschland 13 große Begabtenförderwerke, die vom Bund finanziert oder mitfinanziert werden. Das bedeutet, dass diese Förderwerke mit Mitteln vom Bundesministerium für Bildung und Forschung arbeiten. Das Ziel dieser Förderwerke ist die finanzielle und ideelle Unterstützung der leistungsstärksten und engagiertesten Studierenden. Was dabei aber als besondere Leistung gilt, ist bewusst offengelassen und bedeutet nicht, dass ihr alle ein 1,0 Abitur braucht, um sie zu bekommen. Ganz im Gegenteil, die Förderwerke haben unterschiedliche politische Ansichten, Werte und Ziele und suchen dementsprechend nach unterschiedlichen Studierenden. Man spricht auch davon, dass Leistung und Begabung differenziert betrachtet werden – wer als begabt und erfolgreich zählt, ändert sich von Förderwerk zu Förderwerk.

Sechs dieser Förderwerke sind parteinah, d.h. sie können einer bestimmten Partei im Bundestag zugeordnet werden und vertreten demnach ähnliche Werte. Sie sind aber nicht an diese Partei gebunden. Jede Partei, die es in den Bundestag schafft, hat theoretisch auch das Recht auf ein Begabtenförderwerk. Die Idee dahinter ist, dass die Begabtenförderung die Pluralität des Bundestags spiegeln soll. Die Begabtenförderungswerke sollen die Diversität der deutschen Gesellschaft repräsentieren, indem sie die Vielfalt der weltanschaulichen, religiösen, politischen, wirtschaftlichen oder gewerkschaftlichen Strömungen in Deutschland berücksichtigen.

Die sechs großen parteinahen Begabtenförderwerke der im Bundestag vertretenen Parteien sind: die Konrad-Adenauer-Stiftung (CDU), Hanns-Seidel Stiftung (CSU), Friedrich-Naumann-Stiftung für die Freiheit (FDP), Friedrich-Ebert Stiftung (SPD), Heinrich-Böll Stiftung (Bündnis90/Die Grünen) und Rosa-Luxemburg Stiftung (Die Linke).

Daneben gibt es vier konfessionelle Institutionen: Das Evangelische Studienwerk, das Studienwerk Cusanus mit bischöflich-katholischem Hintergrund, das Avicenna-Studienwerk zur Förderung von muslimischen Studierenden und das Ernst-Ludwig-Ehrlich-Studienwerk, das eng mit der jüdischen Gemeinschaft verbunden ist.

Die drei restlichen Förderwerke stehen keiner Partei oder konfessionellen Institution nah. Die Hans-Böckler-Stiftung ist gewerkschaftsnah und finanziert sich teilweise aus Geldern des DGB (Deutschen Gewerkschaftsbundes). Die Studienstiftung des deutschen Volkes betrachtet sich als politisch, konfessionell und weltanschaulich unabhängig und ist das größte und älteste Begabtenförderungswerk. Die Stiftung der Deutschen Wirtschaft ist unternehmer- bzw. arbeitgebernah.

Diese 13 Begabtenförderungswerke ermitteln die Höhe der finanziellen Förderung auch auf identische Weise, da das Bundesministerium für Bildung und Forschung das Berechnungsregelwerk vorgibt. Maßgeblich hierfür ist der BAföG-Satz. Ihr erhaltet also ein Grundstipendium, das in Anlehnung zum BAföG von eurem Einkommen, Vermögen und dem Einkommen eurer Eltern abhängt. Die Höhe der Förderung hängt von verschiedenen Faktoren ab, einschließlich des eigenen Einkommens bzw. Vermögens, des Einkommens der Eltern (falls die Studierenden unter 30 Jahre alt sind), der Wohnsituation und anderen individuellen Umstände. Der Höchstsatz variiert von Jahr zu Jahr. Normalerweise bekommen Studierende, die nicht im Haushalt ihrer Eltern leben, unter 25 Jahre alt und nicht familienversichert sind, über 900 Euro pro Monat im Höchstsatz. Es gibt dazu im Internet einige hilfreiche Tools, die dabei helfen, den eigenen Anspruch zu ermitteln.

Zusätzlich erhalten alle Geförderten eine Studienkostenpauschale von 300 Euro pro Monat. Die Förderwerke bestimmen aber selbst, wie sie die Stipendiaten auswählen und was sie über die finanzielle Förderung hinaus anbieten. Das Angebot ist vielfältig und richtet sich dann eher nach den Werten des jeweiligen Förderungswerkes. Schaut auf den einzelnen Webseiten nach und informiert euch über das stipendiatische Angebot. Neben der finanziellen Unterstützung bieten Stipendien nämlich hervorragende Möglichkeiten zur Vernetzung und zur persönlichen Entwicklung. Darüber hinaus sind Stipendien ideal für verschiedene Auslandsaufenthalte. Die genaue

Unterstützung und Finanzierung hängt stark vom Stipendium ab, aber an sich fördern die meisten Stipendien sowohl Auslandsaufenthalte an Sprachschulen als auch Praktika und Auslandssemester. Einige fördern sogar ganze Studiengänge und decken einen großen Teil der Studiengebühren. Man kann sich zum Beispiel auch selbstständig einen Forschungsaufenthalt im Ausland organisieren und wird dabei finanziell und organisatorisch unterstützt. Die StipendiatInnen sind gut vernetzt und haben mittlerweile in vielen Städten der Welt Netzwerke an Alumni und jetzigen StipendiatInnen, die sich gegenseitig unterstützen und bei der Organisation. Dieses globale Netzwerk darf man nicht unterschätzen.

Warum sollte ich mich bewerben?

Ich wurde von der Hans-Böckler-Stiftung unterstützt, die sich besonders für Mitbestimmung einsetzt. Ich habe viele Seminare besucht und konnte auch in Paris an einer Sprachschule mein Französisch verbessern. Außerdem habe ich an einer Sprach- und Kulturreise nach Bologna teilgenommen. Auch verschiedene Seminare zu Themen wie Rhetorik und Berufseinstieg waren für meinen Werdegang wichtig. Ich habe mich in der stipendiatischen Gemeinschaft sowohl auf lokaler Ebene in meiner Stipendiatengruppe als auch auf Bundesebene eingesetzt. Das Stichwort hier ist Teilhabe. Die Stiftung förderte mich finanziell nicht nur in der Grundförderung über mein ganzes Studium, sondern auch einen Teil meiner Studiengebühren im Ausland sowie mit einen Auslandszuschuss. Die HBS fördert zum Beispiel ein Bachelorstudium an einer europäischen Universität oder einen Master außerhalb der EU. Die eventuell anfallenden Studiengebühren können bis zu einer Höhe von 10.000 Euro pro Studienjahr erstattet werden. Insgesamt setzt sich die HBS für mehr soziale Gerechtigkeit in Deutschland und vor allem im Bildungswesen ein. Das sind auch Themen, die mich heute noch sehr beschäftigen. Das möchte ich auch in diesem Buch vermitteln. Man sieht also, dass die Wahl des Begabtenförderungswerkes wichtig ist. Es geht nicht nur um die Finanzierung, sondern um verbesserte Karrieremöglichkeiten. Man sollte sich mit den Werten der jeweiligen Werke auseinandersetzen und die Bewerbungen so planen, dass sie zu den eigenen Zukunftszielen passen. Viele Leute zögern mit der Bewerbung, weil sie falsche Vorstellungen haben. Ich möchte hier also die meiner Einschätzung nach wichtigsten Stipendien genauer erläutern. Neben den 13 Begabtenförderwerke stelle ich auch einige andere Stiftungen und Stipendien vor, die ich für wichtig halte.

Studienstiftung des deutschen Volkes

Das größte und älteste Begabtenförderungswerk ist die Studienstiftung des deutschen Volkes. Hier werden etwa 14.000 Personen gefördert und pro Jahr etwa 2.400 neue StipendiatInnen aufgenommen. Dieses Stipendium ist nicht weltanschaulich gebunden und hat somit ein diverses Profil. Es ist mitunter als das elitärste Stipendium bekannt, da die StipendiatInnen wirklich zu den fünf Prozent der besten Studierenden gehören. Es gibt mehrere Eintrittsmöglichkeiten, aber die bekannteste ist der Vorschlag. Insgesamt kann man von verschiedenen Akteuren vorgeschlagen werden, so von Schulleitungen, Personen und Prüfungsämtern der Hochschulen, aber auch durch Schülerwettbewerbe und Alumni. Dann durchläuft man ein kompetitives Auswahlverfahren. Man kann sich auch selbst bewerben, aber dann muss man einen kostenpflichtigen Auswahltest absolvieren und wird erst dann eventuell zu einem Auswahlverfahren eingeladen. Die Studienstiftung bietet neben der finanziellen Förderung von maximal 812 Euro plus 300 Euro Studienkostenpauschale auch Seminare, Sprachkurse, Angebote für Praktika und fördert Auslandsaufenthalte. Ehemalige berühmte StipendiatInnen sind Peter Scholze, der jüngste Mathematikprofessor Deutschlands oder Melanie Kreis (Ex-McKinsey und Vorstand Deutsche Post).

Konrad-Adenauer-Stiftung

Die KAS fördert Studierende mit einem klaren Bekenntnis zu demokratischen Werten, sozialer Verantwortung und politischem Interesse. Das Stipendium richtet sich an deutsche Studierende aller Fachrichtungen. Sie steht der CDU sehr nahe und fördert etwa 3.500 Personen. Sie legt Wert auf ein christliches Menschenbild. Die Bewerbung erfolgt über ein Onlineportal. Wer sich für ein Stipendium von der KAS interessiert, sollte überdurchschnittliche Leistungen, gesellschaftliches, kirchliches oder soziales Engagement und einen Bezug zu den Grundwerten der

Stiftung mitbringen. Die StipendiatInnen werden mit bis zu 812 Euro plus 300 Euro Studienkostenpauschale gefördert. Außerdem sind Auslandsaufenthalte möglich. Ehemalige berühmte StipendiatInnen sind Armin Laschet und Friedrich Merz.

Friedrich-Ebert-Stiftung

Die FES ist die älteste Stiftung unter den politisch motivierten Begabtenförderungswerken und steht der SPD sehr nahe. Sie fördert etwa 3.000 Personen und legt besonders Wert auf die Verbundenheit mit den Grundwerten der Sozialdemokratie, Freiheit, Gerechtigkeit und Solidarität. Die Bewerbung findet auch über ein Onlineportal statt und es wird ein zur Stiftung passendes gesellschaftliches Engagement erwartet. Außerdem müssen die BewerberInnen mit einem Vertrauensdozenten und einem Auswahlausschuss der FES reden. Die FES möchte besonders Menschen mit Migrationsgeschichte und aus eher bildungsfernen Familien unterstützen. Berühmte ehemalige StipendiatInnen sind Anne Will und Frank-Walter Steinmeier. Hier werden StipendiatInnen mit bis zu 812 Euro plus 300 Euro Studienkostenpauschale gefördert. Die FES hat darüber hinaus auch noch viele weitere attraktive Angebote, so auch Auslandsaufenthalte.

Hans-Böckler-Stiftung

Die Hans-Böckler-Stiftung ist das Begabtenförderungswerk des Deutschen Gewerkschaftsbundes und unterstützt etwa 2.700 Personen. Sie ist eine gewerkschaftsnahe Stiftung und legt großen Wert auf die Rechte von Arbeitnehmern und gesellschaftliches Engagement. Die Bewerbung erfolgt ebenfalls über ein eigenes Onlineportal. Es wird dabei erwartet, dass die BewerberInnen sich gewerkschaftlich engagieren oder es beabsichtigen. Insgesamt ist ihr die Chancengleichheit wichtig. Deswegen werden viele Menschen mit Migrationsgeschichte und aus bildungsfernen Familien gefördert. Auch hier erhalten erfolgreiche BewerberInnen maximal 812 Euro plus 300 Euro Studienkostenpauschale. Die HBS hat ein aktives StipendiatInnenprogramm und setzt auf eine aktive Einbindung der StipendiatInnen. Auch hier sind Auslandserfahrungen und Seminare Teil des Programms.

Evangelisches Studienwerk Villigst

Dieses Studienwerk fördert evangelische Studierende in Deutschland und legt dementsprechend bei den Bewerbungen sehr viel Wert auf die Mitgliedschaft und das Engagement in einer Gemeinde. Es werden etwa 1.850 Menschen gefördert, auch wenn sie nicht evangelisch sind. Dann wird aber bei der Bewerbung genauer geguckt, ob das Profil zu der Stiftung passt. Die Bewerbung funktioniert über ein Onlineportal und beinhaltet ein Vorauswahlgespräch und eine Auswahltagung. Die finanzielle Förderung beträgt auch hier maximal 812 Euro plus 300 Euro Studienkostenpauschale.

Cusanuswerk

Das Cusanuswerk ist ein bischöfliches Begabtenförderwerk der katholischen Kirche und fördert dementsprechend katholische Studierende, insgesamt etwa 2.000 Leute. Auch hier wird ein Engagement in einer Gemeinde vorausgesetzt, wobei besonders darauf geachtet wird, dass die BewerberInnen ihren Glauben ernst nehmen und sich für die Kirche und andere einsetzen. Die Bewerbung beinhaltet eine Vorauswahl und eine Hauptauswahl. Die finanzielle Förderung beträgt auch hier maximal 812 Euro plus 300 Euro Studienkostenpauschale. Darüber hinaus gibt es noch weitere interessante Angebote für Projekte, Seminare und Auslandsaufenthalte.

Hanns-Seidel Stiftung

Die HSS steht der CSU nahe und fördert etwa 1.300 Leute. Sie legt besonders Wert auf Arbeit in studentischen oder parteipolitischen Kontexten. Dabei will sie verantwortungsbewusste Studierende mit christlich-sozialen Werten fördern. Jeder Stipendiat ist automatisch Mitglied der örtlichen HSS-Hochschulgruppe und muss an den Veranstaltungen und monatlichen Treffen der Gruppe teilnehmen. Dazu kommen mehrere verpflichtende Seminare pro Jahr. Die Bewerbung erfolgt per Mail oder Post. Die finanzielle Förderung beträgt auch hier maximal 812 Euro plus 300 Euro Studienkostenpauschale. Neben der finanziellen Förderung werden Auslandsaufenthalte, Praktika, Sprachkurse oder Forschungsaufenthalte unterstützt.

Heinrich-Böll-Stiftung

Diese Stiftung steht der Partei der Grünen/Bündnis 90 nahe und sucht nach Studierenden, die sich mit den Zielen der Nachhaltigkeit, Chancengerechtigkeit und Demokratie identifizieren. Sehr gute Leistungen sind die Grundvoraussetzung. Dazu kommt dann noch das passende soziale Engagement. Diese Stiftung sucht nach Persönlichkeiten mit hohen kreativen und interkulturellen Kompetenzen. Das Auswahlverfahren beinhaltet ein Gespräch mit einem Vertrauensdozenten und ggf. einen Auswahlworkshop. Es werden etwa 1.200 Menschen gefördert. Die finanzielle Förderung beträgt auch hier maximal 812 Euro plus 300 Euro Studienkostenpauschale. Neben der finanziellen Förderung werden Auslandsaufenthalte, Praktika, Sprachkurse oder Forschungsaufenthalte unterstützt.

Friedrich-Naumann-Stiftung für die Freiheit

Die FNF steht der FDP nahe und sucht Menschen, die sich mit liberalen Werten identifizieren. Zurzeit werden etwa 850 Menschen gefördert. Die Bewerbung erfolgt über das Onlineportal. Die BewerberInnen brauchen gute bis sehr gute Noten und politische Ansichten, die mit den Werten der FDP harmonieren. Die finanzielle Förderung beträgt auch hier maximal 812 Euro plus 300 Euro Studienkostenpauschale. Neben der finanziellen Förderung werden Auslandsaufenthalte, Praktika, Sprachkurse oder Forschungsaufenthalte unterstützt. Es gibt zahlreiche Akademien, sowohl im In- als auch im Ausland.

Rosa-Luxemburg Stiftung

Die RLS steht der Partei DIE LINKE nahe und vertritt den demokratischen Sozialismus. Sie baut auf Demokratisierung, politische Willensbildung und soziale Gerechtigkeit. Sie fördert etwa 1.100 Personen und achtet bei der Bewerbung besonders darauf, soziale, politische und geschlechtliche Ungerechtigkeiten auszugleichen. Hier haben also Frauen, Menschen mit Migrationsgeschichte und Personen aus nicht-akademischen Haushalten gute Chancen. Auch hier sind gute Leistungen und ein ausgeprägtes soziales Engagement Voraussetzung. Die finanzielle Förderung beträgt auch hier maximal 812 Euro plus 300 Euro Studienkostenpauschale. Neben der finanziellen Förderung werden Auslandsaufenthalte, Praktika, Sprachkurse oder Forschungsaufenthalte unterstützt.

Avicenna Studienwerk

Avicenna ist das erste muslimische Begabtenförderungswerk in Deutschland und damit auch das jüngste. Es fördert etwa 450 Personen. BewerberInnen brauchen überdurchschnittliche fachliche Leistungen und sollten sich in ihren islamischen Gemeinden engagieren. Die Bewerbung erfolgt über das Onlineportal. Die BewerberInnen müssen muslimisch sein und soziales Engagement mitbringen. Die finanzielle Förderung beträgt auch hier maximal 812 Euro plus 300 Euro Studienkostenpauschale. Neben der finanziellen Förderung werden Auslandsaufenthalte, Praktika, Sprachkurse oder Forschungsaufenthalte unterstützt. Hier wird die individuelle Beratung der Studierenden sehr ernst genommen.

Ernst Ludwig Ehrlich Studienwerk

Dieses Studienwerk fördert Studierende jüdischen Glaubens und zählt etwa 100 Geförderte. Die BewerberInnen müssen jüdisch sein und gute bis sehr gute Leistungen bringen. Ein Engagement in jüdischen Gemeinden ist bevorzugt, aber nicht notwendig. Hier werden besonders Selbstentfaltung, jüdische Identität, Verantwortung und Dialogkompetenz betont. Die Bewerbung erfolgt über das Onlineportal. Die finanzielle Förderung beträgt auch hier maximal 812 Euro plus 300 Euro Studienkostenpauschale. Neben der finanziellen Förderung werden Auslandsaufenthalte, Praktika, Sprachkurse oder Forschungsaufenthalte unterstützt.

Stiftung der deutschen Wirtschaft

Das Begabtenförderwerk Klaus Murmann der Stiftung der Deutschen Wirtschaft fördert etwa 1.900 Personen und legt besonders Wert auf sehr gute Leistungen. Die finanzielle Förderung beträgt auch hier maximal 812 Euro plus 300 Euro Studienkostenpauschale. Neben der finanziellen Förderung werden Auslandsaufenthalte, Praktika, Sprachkurse oder Forschungsaufenthalte unterstützt. Die SDW bietet darüber hinaus Angebote zur unternehmerischen Weiterentwicklung an. Es wird Wert auf Zielstrebigkeit und Verantwortungsbewusstsein gelegt. Eine hohe soziale Kompetenz wird erwartet. Die Bewerbungsphase beinhaltet ein Assessment Center.

Neben den Stipendien der 13 Begabtenförderwerke gibt es zahlreiche andere Stipendien, die sich aber in ihrer Dauer,

Förderung und Zulassungsbedingungen erheblich voneinander unterscheiden. Hier möchte ich die meiner Meinung nach relevantesten Stipendien erklären.

Deutsche Akademische Austausch Dienst

Der DAAD ist eine der weltweit größten Förderorganisationen für den internationalen Austausch von Studierenden, sowohl aus Deutschland als auch nach Deutschland. Seine zentralen Werte umfassen die Förderung von Bildung, Forschung und interkulturellem Verständnis. Der DAAD unterstützt Programme, die den Austausch von Wissen und Ideen zwischen deutschen und ausländischen Hochschulen sowie Forschungseinrichtungen ermöglichen. Es werden jährlich mehr als 100.000 Personen mit ganz unterschiedlichen Stipendien gefördert. Die Voraussetzungen variieren dementsprechend, aber grundlegend müssen BewerberInnen überdurchschnittliche Leistungen, sehr gute Sprachkenntnisse und eine überzeugende Begründung für das Vorhaben mitbringen. Die Bewerbung erfolgt direkt beim DAAD und muss mindestens ein Jahr vorher erfolgen. Die genauen Fristen dazu variieren, aber eine Bewerbung beim DAAD erfordert viel Vorbereitung. Je nach Programm werden die BewerberInnen zu verschiedenen Auswahlgesprächen eingeladen. Der DAAD fördert zum Beispiel Studienaufenthalte im Ausland, ganze Master im Ausland, Praktika, Sprachkurse, Summer Schools und viele andere Projekte.

Deutschlandstipendium

Das Deutschlandstipendium ist ein etabliertes Stipendienprogramm der deutschen Bundesregierung, das darauf abzielt, talentierte und leistungsstarke Studierende zu fördern. Auch hier sind herausragende Leistungen im Studium wichtig. Darüber hinaus soll mit diesem Stipendium auch soziales Engagement belohnt werden. BewerberInnen müssen zeigen, dass sie gerne Verantwortung übernehmen und bereits einige Hindernisse gemeistert haben. Die Förderung beträgt 300 Euro pro Monat, wovon 150 Euro vom Staat kommen und 150 Euro von privaten Förderern, Unternehmen, Stiftungen oder Einzelpersonen beigesteuert werden können. Diese Förderer variieren je nach Standort. Studierende können sich in der Regel einmal im Jahr direkt bei ihrer Hochschule bewerben. Normalerweise werden mindestens zwei Semester und maximal die Regelstudienzeit gefördert.

Deutschland Stiftung Integration

Das ›Geh deinen Weg‹-Programm der DSI richtet sich an junge Menschen mit Migrationsgeschichte, die sich für die Gesellschaft einsetzen. Der DSI ist wichtig, dass die BewerberInnen besondere berufliche, schulische, universitäre, sportliche oder sonstige Qualifikationen vorweisen und hochmotiviert sind. Sie sollen die Bereitschaft zeigen, gesellschaftliche Verantwortung zu übernehmen. Hier gibt es keine finanzielle Förderung, sondern eine/n MentorIn der eigenen Wahl, die einen zwei Jahre lang begleitet. Die MentorInnen sind wichtige Menschen aus

Politik, Wirtschaft, Medien, Kultur und Wissenschaft. Darüber hinaus bietet die DSI noch weitere Workshops, Seminare und Netzwerktreffen an. Über die Mentorbeziehung zu Rüdiger Grube, dem ehemaligen Vorstandsvorsitzenden der Deutschen Bahn, berichte ich mehr im Kapitel zum Thema Netzwerk.

Fulbright Stipendium

Das Fulbright Stipendium ist ein internationales Austauschprogramm, das von der Fulbright-Kommission koordiniert wird und darauf abzielt, den interkulturellen Austausch und das Verständnis zwischen den Vereinigten Staaten und anderen Ländern zu fördern. Die Fulbright-Stipendien decken oft Studiengebühren, Lebenshaltungskosten, Reisekosten und andere mit dem Austausch verbundene Ausgaben ab. Jährlich werden etwa 8.000 Personen gefördert. Voraussetzungen sind neben hohen akademischen Leistungen auch ein überzeugendes Profil. Die Bewerbung findet über das Onlineportal statt. Ich selbst habe das Fulbright-Stipendium erhalten und kann es nur ausdrücklich empfehlen.

Claussen Simon Stiftung

Die Claussen-Simon-Stiftung fördert Wissenschaft, Forschung, Bildung und Kunst in Hamburg. Es werden bevorzugt Kandidaten von Hochschulen aus Hamburg gefördert, wobei sowohl Studenten als auch Schüler gefördert werden können. Die BewerberInnen kommen aus dem Raum Hamburg und zeichnen sich durch überdurchschnittliche Leistungen aus. Auch eine ehrenamtliche Tätigkeit ist Voraussetzung. Es gibt mehrere Stipendien, die sich in ihrer Förderung und Dauer unterscheiden.

Klaus-Höchstetter Stipendium

Die Klaus Höchstetter Stiftung wurde vom Rechtsanwalt Klaus Höchstetter 2004 gegründet und unterstützt junge Menschen auf ihrem Lebensweg. Die Förderziele sind: Bildung, Wissenschaft, Völkerverständigung, soziale Benachteiligung und die Persönlichkeitsentwicklung. Für ein Stipendium muss der Kandidat besonders begabt und herausragend engagiert oder sozial benachteiligt sein. Anders als bei den restlichen Stiftungen, diskutiert man intern über die Förderung anhand der eingesendeten Bewerbungsunterlagen. Dementsprechend gibt es keine allgemeingültigen Aussagen zu Dauer, Art der Förderung und Höhe der finanziellen Zuwendung. Die Bewerbung erfolgt über telefonischen Kontakt.

Stiftung Begabtenförderung berufliche Bildung

Das SBB-Aufstiegsstipendium fördert bewusst Personen, welche schon eine Berufsausbildung abgeschlossen haben und sich für ein Erststudium entscheiden. Jährlich werden etwa 1.000 neue Aufstiegsstipendien vergeben. BewerberInnen müssen zeigen, dass sie in ihrem Beruf besonderes Talent gezeigt haben oder anderweitig begabt sind. Die Bewerbung erfolgt über das Onlineportal. Der Stipendiat erhält eine monatliche Pauschale von 861€ und 80€ Büchergeld. Diese sind einkommensunabhängig. Das Stipendium ist also für diejenigen interessant, die bereits eine berufliche Ausbildung abgeschlossen haben, egal wie lange her das ist.

Studienforum Tönissteinerkreis
Das Studierendenforum Tönnissteinerkreis verbindet engagierte und international orientierte Studierende und junge Berufstätige aller Fachrichtungen in einem kosmopolitisch denkenden und agierenden Netzwerk. Es ist kein Stipendium per se, sondern eher eine Aufnahme in ein Forum. BewerberInnen sind weltoffen, zeichnen sich durch sehr gute akademische Leistungen aus und erfüllen alle weiteren Aufnahmekriterien. Dazu gehören soziales Engagement und sehr gute Leistungen in Schule oder Studium. Die Bewerbung erfolgt über die Maske des Studierendenforums und beinhaltet ein Aufnahmekolloquium. Das Stipendium bietet hervorragende Möglichkeiten zur Vernetzung.

Es gibt auch eine Reihe von Unternehmensstipendien, die von Unternehmen vergeben werden, um bestimmte Personen oder Gruppen zu unterstützen. Im Gegensatz zu staatlichen oder institutionellen Stipendien stammen Unternehmensstipendien direkt von Unternehmen, die oft spezifische Ziele oder Schwerpunkte haben. Neben finanzieller Unterstützung bieten sie oft auch verschiedene Möglichkeiten zur Kooperation mit diesen Unternehmen an. Oft zeichnen sie sich auch durch branchenspezifische Schwerpunkte aus und sind hervorragende Möglichkeiten, um über Praktika einen Fuß in diese Unternehmen zu setzen. Einige davon möchte ich hier vorstellen.

Airbus Operations GmbH

Das Stipendium erhält man für die komplette Regelstudienzeit und beinhaltet auch noch Workshops und ein Mentoring. Es richtet sich an Studierende in einer ingenieurwissenschaftlichen Fachrichtung. Seit neuestem gibt es auch ein IT-Stipendium. Ich selbst habe das Stipendium genutzt, um Airbus als Arbeitgeber kennenzulernen und mir ein Netzwerk aufzubauen. So konnte ich den Grundstein für den Berufseinstieg nach meinem Master legen.

Volkswagenstiftung

Die Volkswagenstiftung ist eine unabhängige deutsche Stiftung, die 1961 von der Volkswagen AG gegründet wurde. Ihr Zweck ist die Förderung von Wissenschaft und Forschung in verschiedenen Disziplinen. Im Gegensatz zu einem Stipendium, das normalerweise an Einzelpersonen vergeben wird, unterstützt die Volkswagenstiftung Forschungsprojekte, Wissenschaftlergruppen und Institutionen. Die VW-Stiftung fördert Forschungsvorhaben in sogenannten zukunftsträchtigen Gebieten und hat ein breites Programm an verschiedenen Stipendien mit bestimmten Ausrichtungen. Die Bewerbung erfolgt immer direkt bei der Stiftung. Außerdem bietet VW auch ein Master-Stipendium inklusive Übernahme, das monatlich 950 Euro zahlt. Dieses Stipendium wird 50-mal vergeben und steht prinzipiell allen Studienfächern offen. Gesucht werden Personen, die kompetent sind und sich durch Praktika, Werkstudententätigkeiten oder Engagement auszeichnen. Außerdem ist das Stipendium eine hervorragende Möglichkeit zur Vernetzung. Man kann dann auch die Masterarbeit direkt bei VW schreiben, was den Praxisbezug der Forschung hebt.

Robert Bosch Stiftung
Diese Stiftung bietet ein umfangreiches Stipendienprogramm an, das auf den Austausch und die Aus- und Weiterbildung von internationalen Führungskräften abzielt. Es gibt dabei Programme zur Studienförderung, die Begabung und Fleiß belohnen. Darüber hinaus existieren auch Schülerstipendien und projektgebundene Forschungsstipendien. Die Bewerbung erfolgt direkt bei der Robert Bosch Stiftung.

Siemens AG
Auch die Siemens AG hat eine Stiftung, die sich für gemeinsame nachhaltige gesellschaftliche Entwicklung einsetzt. Sie vergibt keine klassischen Studienstipendien, aber sie unterstützt viele bestimmte Forschungsprojekte mit unterschiedlichen Ausrichtungen. Dazu gehören Promotionen und wissenschaftliche Ausschreibungen, besonders im Ausland.

Andere Möglichkeiten zur Studienfinanzierung: Kredite und kleine Stipendien

Neben den Stipendien hat man die Möglichkeit, einen Studienkredit aufzunehmen. Das sind speziell auf ein Studium zugeschnittene Kredite, die dabei helfen, die Hochschulausbildung zu finanzieren. Es gibt dafür eine Reihe von Anbietern, von denen ich keine empfehlen werde. Man sollte sich bei verschiedenen Banken, Finanzinstituten und staatlichen Förderbanken informieren. Die Konditionen, Zinssätze, Rückzahlungsmodalitäten und Höchstbeträge variieren stark. Man muss sich deswegen gründlich mit den Angeboten auseinandersetzen und zum Beispiel prüfen, ob sie auch eine tilgungsfreie Zeit nach dem Studium anbieten. Auch die Anspruchsvoraussetzungen variieren. Die Rückzahlung erfolgt normalerweise nach dem Studium in vorher festgesetzten monatlichen Raten. Der Studienkredit ist grundsätzlich eine Option, aber wenn man Anspruch auf BAföG hat, dann sollte man das unbedingt vorher ausschöpfen. Denn Leistungen nach BAföG haben bessere Konditionen. Die Entscheidung für einen Studienkredit hängt von der individuellen finanziellen Situation ab. Es ist wichtig, die Konditionen verschiedener Kredite sorgfältig zu vergleichen und die langfristigen Auswirkungen auf die finanzielle Situation nach dem Studium zu berücksichtigen.

Darüber hinaus gibt es auch mehrere kleinere Stipendien, die nicht wie die großen Begabtenförderungswerke das ganze Studium begleiten, sondern nur ein Semester, ein Studienjahr oder das ganze Studium, dafür aber mit einem deutlich geringeren monatlichen Beitrag. Dazu zählt zum Beispiel das bereits vorgestellte Deutschlandstipendium, ein staatliches Stipendienprogramm in Deutschland, das, wie bereits oben erklärt, Studierende an deutschen Hochschulen finanziell mit einer Förderung von 300 Euro pro Monat unterstützt. Dieser Betrag wird zur Hälfte vom Staat und zur Hälfte von privaten und lokalen Förderern finanziert. Neben diesen Möglichkeiten kann man sich je nach Hochschule und Region auf viele Unternehmensstipendien bewerben. Diese sind sehr heterogen aufgestellt und sind in einigen Fällen sogar rückzahlungspflichtig oder gehen selten auch mit einer anderen Verpflichtung einher. Man muss sich hierfür früh informieren, da besonders diese Stipendien oft nicht bekannt sind. Unternehmensstipendien bieten nicht nur finanzielle Unterstützung, sondern auch die Möglichkeit, berufliche Kontakte zu knüpfen und Einblicke in die Praxis zu erhalten. Studierende sollten die Bedingungen und Konditionen der einzelnen Stipendien genau prüfen und sicherstellen, dass sie ihren individuellen Bedürfnissen und beruflichen Zielen entsprechen.

Empfehlungen

Anstatt das Kapitel nochmal zusammenzufassen, gebe ich dir hier eine Anleitung, wie man erfolgreich ein Stipendium bekommen kann.

1. Informieren

In einem ersten Schritt informiere dich gründlich über die verschiedenen Stiftungen und wähle diejenigen aus, die am besten zu deinen persönlichen, akademischen und beruflichen Zielen passen. Du kannst dir auch mehrere aussuchen, aber sei dir bewusst, dass du bei deiner Bewerbung auch immer angeben musst, ob du dich zum Beispiel bei einem der anderen 13 Begabtenförderungswerke beworben hast. Du solltest die Wahl also gut begründen können.

2. Prüfe die Voraussetzungen

Achte dann darauf, dass du die allgemeinen Voraussetzungen erfüllst. Die Begabtenförderungswerke haben oft gemeinsame Voraussetzungen. Dazu gehören in der Regel herausragende schulische Leistungen, gesellschaftliches Engagement und persönliche Motivation. Überprüfe die spezifischen Kriterien der jeweiligen Stiftung.

3. Unterlagen

Stelle dann auf Grundlage deiner Einschätzung deine Bewerbungsunterlagen zusammen. Die Bewerbungsunterlagen variieren je nach Stiftung, beinhalten aber in der Regel Lebenslauf, Zeugnisse, Empfehlungsschreiben und ein Motivationsschreiben. Achte darauf, dass alle erforderlichen Dokumente vollständig und gut vorbereitet sind.

4. Einreichung

Die meisten Begabtenförderungswerke akzeptieren Bewerbungen online. Dazu haben sie oft eigene Portale, die du gut kennen solltest. Stelle sicher, dass du den Online-Bewerbungsprozess der jeweiligen Stiftung genau befolgst und alle erforderlichen Informationen eingibst. Hierbei ist es grundlegend, dass du die Bewerbungsfristen beachten solltest. Die Förderwerke sind da rigoros.

5. Auswahlverfahren

Wenn du dann zu dem Auswahlverfahren eingeladen wirst, bereite dich auch gründlich darauf vor. Lies nochmal das Kapitel zu Bewerbungsstrategien und mache dir einen sorgfältigen Plan für Interviews, Tests oder Gruppendiskussionen. Die Auswahlprozesse sind anspruchsvoll und die Plätze begehrt. Sei daher gründlich in der Vorbereitung und achte darauf, dass deine Bewerbung deine individuellen Stärken und Ziele gut präsentiert. Falls möglich, suche auch nach persönlichen Beratungen oder Informationsveranstaltungen der jeweiligen Stiftungen, um zusätzliche Einblicke und Tipps zu erhalten. Auch hier spielt dein Netzwerk wieder eine große Rolle.

6. Nutze das Angebot

Ein Stipendium ist viel mehr als bloße Studienfinanzierung und wie bei vielen anderen Möglichkeiten gilt auch hier: Du profitierst am meisten davon, wenn du dich aktiv und regelmäßig einbringst. Nimm das vielfältige Angebot in Anspruch und vernetze dich bereits in deinem Stipendium.

»Hindernisse und Schwierigkeiten sind Stufen,
auf denen wir in die Höhe steigen.«

Friedrich Nietzsche (zugeschrieben)

9. Renommierte Institutionen

Jeder hat schon mal von den Big Playern gehört: *Harvard, Yale, Oxford, Cambridge* etc. Sie alle sind Institutionen, die über den Hochschulkosmos hinaus bekannt und geschätzt sind. Die Namen haben Prestige und stehen für Exzellenz, Exklusivität und Elite. Für Bildungsaufsteiger wirken diese Namen entweder einschüchternd, weil sie so weit weg erscheinen oder dienen eben als Ziel des Bildungsaufstiegs. Wer es dorthin schafft, hat den Zenit der Bildung erreicht. Ich kann mich noch erinnern, als meine Englischlehrerin in der neunten Realschulklasse die amerikanischen Ivy-League-Universitäten an die Tafel schrieb. Sie betonte deren Exklusivität und sagte selbstsicher voraus, dass niemand von uns es dahin schaffen wird. Sie hatte wohl recht, denn letztendlich hat es aus dieser Klasse niemand an die nordamerikanischen Universitäten geschafft. Trotzdem ist ihr Verhalten pädagogisch gesehen unangebracht, denn es sind genau solche Aussagen, mit denen wir Bildungsaufsteiger oft konfrontiert werden. So oft, dass wir in vielen Fällen anfangen, sie zu glauben. Im ersten Moment glaubte ich ihr auch – diese Universitäten schienen so weit weg. Es war praktisch unmöglich, dass jemand von uns jemals auf das Niveau kommen würde.

Denn die Ivy League ist eine Gruppe von acht privaten Hochschulen in den Vereinigten Staaten, die für ihre akademische

Exzellenz und ihren prestigeträchtigen Ruf bekannt sind. Dazu gehören zum Beispiel Brown, Columbia, Harvard und Yale. Diese Universitäten gelten als die angesehensten und selektivsten Bildungseinrichtungen in den USA. Ivy League ist für ihre strenge Zulassung, herausragende Lehrangebote und erfolgreichen Alumni bekannt, die oft in verschiedenen Bereichen des öffentlichen Lebens, der Wissenschaft, der Wirtschaft und der Politik erfolgreich sind. Und genau das ist auch eine passende Definition für ›renommiert‹, denn sie zeigt, dass diese Universitäten nicht nur eine bessere Bildung ermöglichen, sondern darüber hinaus auch noch exklusive und etablierte Zugänge zu weiteren Karriereschritten bieten. Sie wären also eigentlich die perfekten Universitäten für jemanden, der von unten kommt und hoch hinaus möchte.

Für mich schien diese Möglichkeit aber damals zu weit weg. Nicht nur weil die USA so weit weg von Deutschland liegen, sondern weil das Studium dort unglaublich teuer ist und ich definitiv nicht in das Profil dieser Unis passte. Dachte ich damals zumindest. Im Laufe des Studiums habe ich aber schnell gemerkt, dass diese gespürte Distanz immer kleiner wurde. In meinem Umfeld gab es die ersten Kommilitonen und Freunde, die Berührungspunkte mit Oxford, Cambridge und Ivy League hatten. Manche profitieren anfänglich nur von einem Austauschprogramm oder einem Forschungsaufenthalt. Andere wiederum schafften den Durchbruch und gingen für ihren Master an solche Universitäten. Es gab da keinen genauen Moment, aber über die Jahre schrumpfte die gefühlte Distanz zwischen mir und diesen Universitäten. Das hing aber nicht nur mit den Erfolgen in meinem Netzwerk zusammen, die mich natürlich motivierten, sondern vor allem auch mit Veränderungen in meinem Selbstvertrauen und Mindset. Ich entfernte mich immer weiter von der Idee, dass ich nicht an solche Institutionen gehöre. Leider ist es strukturell betrachtet immer noch so, dass uns deutlich gemacht wird, was für uns möglich, realistisch und eben unmöglich ist. Das macht mich sehr wütend, denn ich habe schon von vielen Leuten in meinem Netzwerk gehört, die solche Erfahrungen gemacht haben. Ich möchte jetzt auch nicht meine alte Englischlehrerin ankreiden, denn letztendlich war sie nur das Sprachrohr für das gesellschaftliche Klima. Unser Bildungssystem ist, wie ganz am Anfang schon erwähnt, ein effektiver Bildungstrichter, der an den Übergängen immer wieder aussiebt. Wir Bildungsaufsteiger haben nach dieser Logik dort oben nichts verloren. Das müssen wir ändern. Deswegen kann ich nur empfehlen, nicht immer alles für bare Münze zu nehmen, was Leute über Möglichkeiten erzählen. Hätte ich damals darauf gehört, hätte ich nicht mal den TOEFL-Test bestanden, der für ein Studium im Ausland Voraussetzung ist. Also: Geht euren Weg!

Warum an renommierten Unis studieren?

Es gibt zahlreiche Gründe, warum man an einer renommierten Hochschule studieren sollte. Zum einen dient die Reputation der Hochschule als sogenanntes Distinktionsmerkmal – man hebt sich damit von anderen KommilitonInnen ab und ist deswegen auf dem Arbeitsmarkt gefragter. Gerade bei den Wirtschaftsstudiengänge spielt das Renommee der Universität eine zentrale Rolle. Es gibt viele Unternehmen, die ihre Bewerber nach bestimmten Universitäten auswählen, weil sie gute Erfahrungen gemacht haben und historisch sehr lange schon zusammenarbeiten. Besonders in Anbetracht der Entwicklung, die ich im Kapitel zu der Inflation im Studium erklärt habe, sind solche Distinktionsmerkmale wichtig. Absolventen und Absolventinnen dieser Unis landen oft bei den besten Unternehmen und arbeiten sich selbst dort noch hoch. Ich möchte hier nicht den Eindruck erwecken, dass man an solche Unternehmen nur über solche Universitäten rankommt, aber es erhöht die Chancen dafür deutlich.

Denn darüber hinaus erhält man an den Institutionen oft eine qualitativ bessere und intensivere Ausbildung. Diese Institutionen haben meistens eine andere finanzielle Basis und technische Ausstattung. Sie beschäftigen die besten DozentInnen und investieren mehr in qualitativ hochwertige Forschung. Ein Studium an einer renommierten Hochschule fördert auch die eigene Internationalisierung, denn sie bietet oft Austauschprogramme mit anderen renommierten Universitäten der Welt an. Weitere Vorteile sind höhere Verdienstmöglichkeiten, ein geringeres Arbeitslosigkeitsrisiko und bessere Chancen auf dem Arbeitsmarkt. Das zeigt zum Beispiel ein Bericht vom Sutton Trust aus dem Jahre 2019: 24 % der wichtigsten Personen aus den Medien, Politik und dem Öffentlichen Dienst haben entweder in Oxford oder Cambridge studiert. 52 % der Richter sind durch die sogenannte Oxbridge ›Pipeline‹ gegangen, d.h. sie wurden an den besten und teuersten privaten Schulen unterrichtet und haben dann in Oxford oder Cambridge studiert. Die Zahlen sprechen für sich. Ihr werdet solche Leute und eine solche Bildung nur dort bekommen.

Die renommiertesten Universitäten der Welt haben den Ruf auch schon eine Weile. Da verändert sich meistens wenig, denn über ihre Reputation ziehen sie auch die besten Forschenden und Studierenden an, die wiederum dafür sorgen, dass die Hochschulen ihrem Ruf gerecht werden. Ein Studium an einer solchen Uni ist also mehr als nur eine Marke im Lebenslauf. Die dortigen Kommilitonen und Kommilitoninnen zeigen eine extrem hohe Leistungsbereitschaft und Lernfähigkeit und bringen darüber hinaus oft noch andere Skills mit, die den eigenen Horizont erweitern werden. Man lernt dort voneinander und entwickelt sich stark weiter.

Meine eigene Erfahrung: LSE & Oxford

Ich kann da von meinen eigenen Erfahrungen sprechen. Denn auch wenn sich meine Englischlehrerin damals nur auf Ivy League bezog, würde sie sich wahrscheinlich ebenso wundern, zu hören, dass ich meinen Master dann in London (LSE) und mit Kursen in Oxford abschloss. Dort lernte ich eine Reihe von

Leuten kennen, die mich inspirieren und mit denen ich noch zusammenarbeite. Ein besonders beeindruckendes Beispiel ist eine Gruppe von Kommilitonen in London, die direkt nach dem Studium ein Start-Up gründeten, das Wasserreinigungsfilter auf innovative Art herstellt. Sie gingen dann über ein Stipendium der LSE nach Mexiko und haben ihre Geschäftsidee dort verwirklicht. Mittlerweile beschäftigen sie über 200 Mitarbeiter und sind aus dem mexikanischen Markt nicht mehr wegzudenken. Genau solche Persönlichkeiten trifft man auf solchen Unis. Sie bringen einen inspirierenden Mix aus Machermentalität, Innovation und Leistungsbereitschaft mit. Für einen ambitionierten Bildungsaufsteiger ist das genau die richtige Umgebung.

Mir ist es deswegen wichtig zu betonen, dass diese renommierten Universitäten nicht nur dann in Frage kommen, wenn man auf die klassischen Eliteunternehmen im Finanzwesen, Investing oder Management abzielt. Denn die Kompetenzen und das Netzwerk, das man sich an einer solchen renommierten Universität aufbaut, ist auch hochrelevant für die eigene Selbstständigkeit oder andere Projekte. Ich sehe auch oft, dass AbsolventInnen dieser Unis erst mal in ein Topunternehmen wechseln, nur um dann nach einigen Jahren Berufserfahrung ihr eigenes Unternehmen gründen und dabei das Netzwerk aus ihrer Studienzeit einbinden.

Wie wähle ich meine Universität aus?

Allerdings sollte man auch beachten, dass nicht nur der Ruf der gesamten Universität zählt. Es gibt eine Reihe von Rankings, die auch bestimmte Institute und andere Vergleiche zeigen können. Ich werde hier keine Liste erstellen, sondern vielmehr ein paar Hinweise geben, wie man die beste Hochschule findet. Denn es kommt meistens weniger auf die Gesamtreputation der Hochschule an als auf das Match zwischen der Hochschule und der eigenen Karriereplanung. Welche Methoden wende ich also an, um genau das herauszufinden?

Zunächst sollte man die Bedarfe auf dem Arbeitsmarkt checken. Welche Studiengänge und Universitäten sind für welche Karriereziele gefragt? Gibt es bestehende Kooperationen zwischen bestimmten Hochschulen und Unternehmen? Man muss dabei auch die Karrierewege von interessanten Persönlichkeiten studieren, die genau die Jobs innehaben, die man später auch haben möchte. Dazu kann man das eigene Netzwerk und LinkedIn nutzen, was sowieso ein Muss für alle Leute ist, die den Bildungsaufstieg schaffen wollen.

In einem zweiten Schritt sollte man aber auch sich selbst in den Blick nehmen und sich fragen, was einen wirklich erfüllt. Das Studium an den renommiertesten Universitäten ist anspruchsvoll und intensiv. Man sollte sich also bewusst dazu entscheiden und einen Hang für die vermittelten Themen haben. Es macht keinen Sinn, nur ein Fach an einer renommierten Universität zu belegen, weil man denkt, dass der Markt das gerade fordert. Es geht hierbei auch nicht darum, zu schauen, welche Universität das bessere Ranking hat. Denn das alleine reicht nicht aus, um den anvisierten Bildungsaufstieg so effizient wie möglich zu gestalten. Man ist besser geraten, zu schauen, ob das Studium gut zum geplanten Arbeitsverhältnis passt. Dabei geht es sowohl um die Inhalte als auch um die praktischen Skills, die man in diesem Studium lernt.

In einem dritten Schritt muss man sich um die Finanzierung kümmern. Besonders die renommierten Universitäten sind extrem teuer, sowohl in den Studiengebühren als auch in den Lebenskosten. Das Kapitel zu Stipendien und Finanzierung ist hierbei sehr relevant. Man muss sich auch frühzeitig bei der Zieluni über eigene Stipendien und Hilfen informieren. Viele dieser Unis bieten eigene Unterstützungsmöglichkeiten an, auch um ambitionierte Aufsteiger anzusprechen.

Beispiel Management

Klassische Studiengänge wie Medizin, Pharmazie und Jura haben an sich schon ein USP, denn sie genießen eine hohe Reputation und werden immer gebraucht. Das bedeutet auch, dass die Wahl der Universität nicht so grundlegend wichtig ist, wie bei anderen Studiengängen, auch wenn sich manche Universitäten auch hier von anderen abheben. Der Effekt ist aber bei anderen Studiengängen deutlich stärker. Für das richtige Managementstudium ist die Wahl der Universität zum Beispiel um einiges ausschlaggebender. Das Renommee der Universität spielt hierbei eine besondere Rolle, denn Unternehmen rekrutieren teilweise an erster Stelle an diesen Unis.

Für einen Master in Management lässt sich deswegen eine klare Kategorisierung in vier Gruppen vornehmen. Diese basiert sowohl auf internationalen Rankings, der Stärke des Alumni-Netzwerks, der Bewertung durch AbsolventInnen und den Berufsaussichten. Im Tier 1 befinden sich der Master an der HEC Paris und der Universität von St. Gallen. Im Tier 2 folgt der Master an der *London Business School* und als Teil des *CEMS-Programms*. Das Tier 3 wird angeführt von der *Bocconi University* in Mailand und der *Stockholm School of Economics*. Darüber hinaus lassen sich hier auch die *Copenhagen Business School* und das *ESADE* in Barcelona nennen. Die ersten deutschen Unis sind die *HHL* in Leipzig und die *LMU* in München im Tier 4.

Empfehlungen

1. Renommierte Institutionen und ihre Bedeutung

Renommierte Institutionen wie Harvard, Yale, Oxford und Cambridge sind weltweit bekannt für ihre Exzellenz und Exklusivität. Sie stehen für Prestige und Elitebildung. Diese Namen dienen Bildungsaufsteigern entweder als inspirierendes Ziel oder erscheinen als unüberwindbare Hürde. Wegen ihrer Bekanntheit und Reputation können solche Institutionen einschüchternd wirken und den Glauben an die eigene Möglichkeit eines Bildungsaufstiegs beeinflussen.

2. Ivy League als Beispiel renommierter Universitäten
Die Ivy League, bestehend aus acht privaten Hochschulen in den USA wie Harvard und Yale, ist bekannt für strenge Zulassungskriterien, herausragende Lehre und erfolgreiche Alumni in verschiedenen Bereichen. Diese Universitäten bieten nicht nur eine exzellente Bildung, sondern auch exklusive Zugänge zu Karrieremöglichkeiten. Der Begriff »renommiert« wird hier durch strenge Auswahl, herausragende Lehrangebote und erfolgreiche Absolventen definiert.

3. Veränderung der Wahrnehmung und Möglichkeiten
Trotz anfänglich empfundener Distanz zu renommierten Universitäten können persönliche Erfahrungen und Veränderungen im Selbstvertrauen die wahrgenommene Kluft verringern. Es ist wichtig, sich von einschränkenden Überzeugungen zu lösen und zu erkennen, dass auch Bildungsaufsteiger erfolgreich an solchen Institutionen studieren können.

4. Warum an renommierten Universitäten studieren
Der Ruf einer renommierten Universität fungiert als Distinktionsmerkmal, das Absolventen von Mitbewerbern abhebt und die Chancen auf dem Arbeitsmarkt erhöht. Neben höheren Verdienstmöglichkeiten und einem geringeren Arbeitslosigkeitsrisiko bieten renommierte Universitäten eine

qualitativ hochwertige Ausbildung, internationale Vernetzung und vielfältige Karrieremöglichkeiten.

5. Erfahrungen an renommierten Universitäten
Persönliche Erfahrungen an renommierten Universitäten, wie in London und Oxford, können inspirierend sein und zu dauerhaften Netzwerken führen. Der Austausch mit motivierten Kommilitonen, Innovation und Leistungsbereitschaft prägen die Lernumgebung. Renommierte Universitäten bieten nicht nur Zugang zu Eliteunternehmen, sondern fördern auch unternehmerische Initiativen und Selbstständigkeit.

6. Auswahl der Universität und individuelle Karriereplanung
Bei der Auswahl der Universität ist es wichtig, nicht nur auf den Gesamtruf zu achten, sondern auch das persönliche Interesse, die Karriereziele und die Finanzierung zu berücksichtigen. Eine gründliche Recherche über die Bedarfe auf dem Arbeitsmarkt, vorhandene Kooperationen und die Passung zwischen Studium und angestrebter Karriere ist entscheidend. Individuelle Leidenschaft für die Themen und Skills des Studiums sollte im Vordergrund stehen.

Die hier genannten Institutionen stehen für eine exzellente Ausbildung und bieten exklusive Zugänge zu weiteren Karrieremöglichkeiten. Trotz der strukturellen Hindernisse sollte man ein solches Studium unbedingt in Erwägung ziehen, wenn man eine Karriere bei den besten Unternehmen plant. Die Vorteile sind vielfältig und nicht zu unterschätzen. Ihr erarbeitet euch ein Distinktionsmerkmal, eine bessere Ausbildung und höhere Verdienstmöglichkeiten. Achtet aber darauf, dass die Institution wirklich zu eurem Lebens- und Karriereweg passt und kümmert euch frühzeitig um die Finanzierung. Beachtet dabei nicht nur die Reputation der ganzen Universität, sondern auch die Qualität der einzelnen Institute. Vor allem ist mir aber wichtig, dass ihr anfangt, an euch und eure Möglichkeiten zu glauben. Hinterfragt eure Wahrnehmung und macht euch einen konkreten Plan.

»Lernen ist wie Rudern gegen den Strom.
Hört man damit auf, treibt man zurück.«

Laotse (zugeschrieben)

10. Unique Selling Propositions & Erfolg

Inmitten eines wettbewerbsintensiven Arbeitsmarktes ist es wichtig, sich von anderen abzuheben. Das ist eine klare Anforderung der heutigen Arbeitswelt. Besonders vor dem Hintergrund der fortschreitenden Akademisierung und der Globalisierung wird die Selbstvermarktung immer wichtiger. In anderen Worten: Ihr braucht dringend Alleinstellungsmerkmale. Diese werden oft an das Englische angelehnt als *Unique Selling Propositions* bezeichnet und bezeichnen das einzigartige Merkmal oder den besonderen Nutzen, der ein Produkt oder eben eine Person von anderen Produkten oder Mitbewerbern unterscheidet. Das Alleinstellungsmerkmal soll dazu dienen, die Aufmerksamkeit der Kunden zu gewinnen und sie dazu zu motivieren, gerade dieses Produkt zu wählen statt eines konkurrierenden Angebots. Das USP kann auf verschiedenen Faktoren basieren, darunter Qualität, Preis, Innovation, Kundenservice oder andere einzigartige Eigenschaften, die einen klaren Mehrwert bieten oder eben als solche empfunden werden. Es ist ein zentraler und etablierter Bestandteil im Marketing, um Produkte oder Dienstleistungen erfolgreich zu positionieren und zu vermarkten. In unserem Kontext geht es aber nicht um Produkte, sondern Karrieren. Denn in der heutigen Arbeitswelt gilt es, sich selbst auf dem Arbeitsmarkt erfolgreich anzubieten.

Was ist dein USP als Studierender, Mitarbeiter oder Bewerber? Um diese Frage gewinnbringend zu beantworten, muss man den eigenen Bildungs- und Karriereweg über bereits an verschiedenen Alleinstellungsmerkmalen arbeiten. Diese hängen stark von der Branche ab und müssen deswegen vorher erst identifiziert werden. Ein paar Beispiele sind besonders wertvolle digitale Kompetenzen, unternehmerische Erfahrung in einem eigenen Start-Up, ein vielversprechendes Praktikum, beeindruckende Fremdsprachenkenntnisse, exzellente Noten oder ein besonderes soziales Engagement. Viele Erfolge und Kompetenzen können sich als USP herausstellen, denn meistens kommt es darauf an, wie man diese Erfahrung oder Kompetenz verkauft.

Personal Branding & USP

Das geht am besten über Personal Branding, einen vielschichtigen Prozess, den ich in diesem Kapitel skizzieren möchte. Personal Branding bezieht sich dabei auf die bewusste und gezielte Entwicklung einer persönlichen Marke, die die Einzigartigkeit und den Wert einer Person betont. Man muss sich also nicht nur in den Bewerbungen, sondern über die ganze Karriere hinaus von der Masse abheben. Das geht zum Beispiel über ein Studium an renommierten Universitäten, wie im letzten Kapitel besprochen, die Gründung eines eigenen Start-Ups oder eines intensiven dualen Studiums. Das Personal Branding ist dabei ein vielschichtiger Prozess, der einem nicht nur einen Wettbewerbsvorteil bei Bewerbungen verschafft, sondern eine berufliche Entwicklung auch dadurch fördert, dass man sich über die Zeit ein hilfreiches Netzwerk aufbauen kann. Gleichzeitig wird man von diesem Netzwerk als Experte auf einem bestimmten Gebiet wahrgenommen, was die Einzigartigkeit nochmal betont. Wenn der eigene Name zu einer starken Marke wird, fällt es anderen Menschen leichter, auf die Person und deren Fähigkeiten zu vertrauen. Dies kann durch einen konsistenten Auftritt in sozialen Medien, durch die Pflege von beruflichen Beziehungen und durch eine kontinuierliche Weiterentwicklung der Fähigkeiten erreicht werden.

Neben guter Arbeit im eigenen beruflichen Feld lebt die Personal Brand heutzutage vor allem online. Die Onlinepräsenz muss professionell wirken und permanent überarbeitet werden. Dazu gehört eine konsistente und professionelle Darstellung in den sozialen Medien und besonders auf Plattformen wie LinkedIn, die sich mittlerweile als zentrale Plattformen für die berufliche Onlinepräsenz herauskristallisiert haben. Hier kann man sich beruflich vernetzen und die Suchbarkeit und Auffindbarkeit massiv verbessern. Andere NutzerInnen können dort auch Referenzen für die eigene Arbeit abgeben, was der persönlichen Marke hilft. Die Onlinepräsenz bietet anderen Menschen ein digitales Berufsporträt anhand dessen sie dich kennenlernen oder eben als Experte in ihrem Netzwerk abspeichern. Es sollte deswegen immer überarbeitet werden. Das geht nicht von heute auf morgen, sondern erfordert viele Jahre.

Was kann noch ein USP sein?

Weitere USP können sich auf die Abschlussarbeiten beziehen. Schreibt man zum Beispiel eine Bachelorarbeit über ein hochaktuelles Thema, das für Unternehmen besonders interessant ist, kann das einen USP verschaffen. Aktuell kommt zum Beispiel eine innovative Arbeit über den Umgang mit KI in unternehmerischen Kontexten in Frage. Auch ›machine learning‹ oder Automatisierung in der Logistik könnten solche Themen sein. Man kann auch mit Kompetenzen punkten, die es so bisher nicht auf dem Arbeitsmarkt und in der Branche gibt. Vor ein paar Jahren waren das zum Beispiel Programmierkompetenzen, die heute in einigen Branchen fast schon zum Mindeststandard gehören. Auch ein bestimmtes Universitätsprojekt kann bei Bewerbungen den nötigen Vorteil bringen.

Die persönliche Marke wächst aber nicht nur digital und ist öffentlich einsehbar, sondern auch zum Beispiel durch Empfehlungsschreiben, die man prinzipiell immer sammeln sollte. Dieses Schreiben erhält man von einem Stipendium, von DozentInnen oder anderen MentorInnen. Ich kann zum Beispiel durch mein Empfehlungsschreiben von Christian Wulff punkten. Diese Schreiben sollte man grundsätzlich immer aktiv einfordern und gut aufbewahren. Sie sind das Rückgrat der persönlichen Marke.

Auch renommierte Universitäten und Institute können ein USP sein. Es geht wirklich immer darum, branchenspezifisch die eigenen Erfahrungen und Kompetenzen als USP herauszuarbeiten.

Diese Reflexion wertet eure Bewerbungen und besonders eure Darstellung eures eigenen Lebens deutlich auf. Für mich sind die wichtigsten Quellen von USPs die Noten, das Renommee der Uni, das eigene Engagement, Sprachkenntnisse, Praxiserfahrung, Stipendien, Auszeichnungen und in manchen Fällen der Studiengang an sich.

Mein erstes Erfolgserlebnis

Um deutlich zu machen, wie wichtig Personal Branding und das konkrete Herausarbeiten einer USP ist, möchte ich hier am Beispiel meines ersten Erfolgserlebnisses noch etwas über Erfolgserlebnisse berichten. Nicht weil das erste Erfolgserlebnis eine USP ist, sondern weil es mir darum geht, zu zeigen, wie man sich eine USP herausarbeitet. Das geht über bestimmte Reflexionskompetenzen, die man sich aneignen muss. Das erste Erfolgserlebnis ist immer individuell und kann sowohl in der Schule, an der Uni oder beim Berufseinstieg passieren. Besonders für BildungsaufsteigerInnen ist dieses erste Erfolgserlebnis eine prägende Erfahrung. Es bringt nicht nur Erleichterung, sondern auch ein Gefühl der Bestätigung. Besonders in Anbetracht der gesellschaftlichen Verhältnisse fühlt es sich noch intensiver an. Das erste Erfolgserlebnis ist transformativ. Mit der passenden Reflexion kann man es als Ausgangspunkt für eine positive Entwicklung der Selbstwahrnehmung, –akzeptanz und –wirksamkeit verarbeiten. Hier möchte ich euch einige Strategien vorstellen, um zu zeigen, wie man erste kleine Erfolgserlebnisse als Grundlage für den weiteren Erfolg und persönliches Wachstum nutzen kann. Das ist eine Kernkompetenz.

Mein erstes Erfolgserlebnis war eine Eins in der achten Klasse im Geschichtsunterricht. Ich war damals ein mittelmäßiger Realschüler und habe diese Position auch nicht oft hinterfragt. Doch in der 8. Klasse ist mir zum ersten Mal bewusst geworden, wie stark meine Leistungen eigentlich von mir selbst abhängen. Es ging damals um die Französische Revolution und aus irgendeinem Grund war diese Prüfung die erste Prüfung, bei der ich mich bewusst darauf vorbereitet habe. Ich machte mir einen Lernplan, lernte viel auswendig und fühlte zum ersten Mal, wie bereichernd es ist, eigene Verbindungen zwischen den verschiedenen Inhalten zu knüpfen. Auch die uninteressanten Punkte konnte ich so behalten und sie in der Prüfung dann auch anwenden. Mein Geschichtslehrer war streng, weswegen mich die Eins umso glücklicher machte. Sie stoß eine Kettenreaktion los, die sich prinzipiell bis heute fortsetzt. Ich hatte nach dieser Eins immer eine Eins vor dem Komma auf den Zeugnissen. Ich nahm mich als intelligenten jungen Menschen wahr, der die Kapazitäten hat, Erfolg zu haben. Ich merkte zum ersten Mal, was ich aus meinen Fähigkeiten machen kann, wenn ich mich richtig darauf einlasse. Die Eins gab mir auch einen unglaublichen Schub für mein Selbstbewusstsein. Ich nahm mich danach anders wahr. Mir fielen Unterschiede zu meinen MitschülerInnen auf und mir wurde schnell klar, dass ich danach aufs Gymnasium gehen würde. Das erste Erfolgserlebnis ist von zentraler Bedeutung, da es nicht nur als Belohnung für die harte Arbeit dient, sondern auch als Katalysator für zukünftige Bemühungen. Es stärkt das eigene Selbstvertrauen, indem es zeigt, dass die eigenen Ziele erreichbar sind. Dieser positive Schub motiviert dazu, sich weiterhin anzustrengen und Hindernisse zu überwinden.

Man sollte also das eigene erste Erfolgserlebnis für sich selbst identifizieren, falls man das ohnehin noch nicht gemacht hat. Das erste Erfolgserlebnis ist nämlich ein Meilenstein, auf den man stolz sein kann. Ganz im Sinne des Wachstumsmindset aus einem der vorherigen Kapitel sollte man den Meilenstein reflektieren, um sich vor Augen zu führen, welche Kompetenzen man sich dabei noch angeeignet hat und wie man es geschafft hat, diese erste Hürde zu überwinden. Das erste Erfolgserlebnis ist nicht nur ein persönlicher Triumph, sondern der Auftakt zu einer reichhaltigen Weiterentwicklung. Es schafft die Basis für weitere Erfolge und ebnet den Weg für kontinuierliches Wachstum. Das Gefühl von Selbstwirksamkeit wird einen auch in Zukunft weiter vorantreiben, denn Personen mit hoher gefühlter Selbstwirksamkeit glauben, dass sie in der Lage sind, komplexe Aufgaben erfolgreich zu lösen. Und lösen diese dann auch oft. Sie haben ein gestärktes Selbstvertrauen und entwickeln eine intrinsische Motivation für neue Herausforderungen. Die Überzeugung, Einfluss auf den eigenen beruflichen Erfolg zu haben, wirkt sich positiv auf die Einstellung, das Verhalten und letztendlich auch auf die Ergebnisse aus.

Gleichzeitig ermöglicht eine bewusste Reflexion, diesen Erfolg auch zu reproduzieren. Man stellt sich wertvolle Fragen, die auch später immer wieder hilfreich werden: Wie habe ich es geschafft, diese Hürde zu überwinden? Welche Strategien haben mir dabei geholfen? Welche Strategien könnte ich noch verbessern und nochmal anwenden? So wächst der eigene Werkzeugkasten für zukünftige Herausforderungen. Man wird sich auch besser über die eigenen Stärken und Schwächen bewusst und kann so auch offener für Kritik von besser qualifizierten KollegInnen werden. Kritikfähigkeit und Offenheit für Anregungen sind Kernkompetenzen für eine erfolgreiche Karriere.

Neben der Selbstwirksamkeit hat das erste Erfolgserlebnis auch einen positiven Einfluss auf den Selbstwert. Zum einen bestärkt der Erfolg die eigenen Fähigkeiten und den Glauben an diese. Man lernt, dass man bestimmte Herausforderungen erfolgreich bewältigen kann. Das stärkt das Vertrauen in die eigenen Fähigkeiten. Durch den Erfolg nimmt man sich selbst als StudentIn oder MitarbeiterIn positiv als Bereicherung für diese Welt dar. Man sieht sich als jemand, der in der Lage ist, Herausforderungen anzunehmen und zu bewältigen. Gleichzeitig gewinnt man an Mut, was zukünftige Herausforderungen angeht, denn man geht jetzt verstärkt auch auf Herausforderungen zu, die früher eventuell zu kompliziert erschienen. Dieses Erfolgserlebnis hilft auch, sich selbst insgesamt als gewinnbringenden Teil der Institution und Gesellschaft zu fühlen. Es fördert das Gefühl von Anerkennung und kann dabei helfen, sich selbst zum Beispiel als Topstudent oder aufstrebender Junior-Consultant zu fühlen. Es steigert somit auch das Zugehörigkeitsgefühl.

Doch in der heutigen, immer stärker vernetzten und von persönlichen Beziehungen geprägten Geschäftswelt entsteht eine weitere Dimension der USP: das persönliche Verhalten. Die Übernahme von Verantwortung, die Bereitschaft, Sonderaufgaben zu übernehmen, das Vorleben persönlicher Werte und die natürliche Autorität einer Person können eine entscheidende Rolle bei der Differenzierung im Wettbewerb spielen. Dieses persönliche Engagement und die damit verbundene Glaubwürdigkeit schaffen eine tiefere Verbindung zu Kunden und Geschäftspartnern. Es bildet eine Vertrauensbasis, die weit über das hinausgeht, was durch traditionelle USPs erreichbar ist. Der Schlüssel zu diesem Ansatz liegt in der Bodenständigkeit, besonders bei zunehmendem Erfolg. Je mehr eine Person oder ein Unternehmen erreicht, desto wichtiger ist es, sich auf die Werte und Prinzipien zu besinnen, die zum Erfolg geführt haben.

Wichtig ist dabei aber auch, diese Erfolgserlebnisse als Anlass für weitere Entwicklung zu nehmen. Vergleicht man das zum Beispiel mit einer Kletterwand, wird klar, dass es nicht ratsam ist, immer wieder nach unten zu schauen, um zu sehen, wie weit man es nach oben schafft. Denn das würde einen nur verunsichern und im schlimmsten Fall dazu führen, dass man es nicht weiter nach oben schafft. Doch genau das ist das Ziel: es weiter nach oben zu schaffen. Deswegen muss man diese Reflexion üben und sie immer zielorientiert nach oben hin interpretieren. Es geht darum, gestärkt seine nächsten Hürden anzuvisieren.

Empfehlungen

1. Notwendigkeit in der Wettbewerbslandschaft

In einer hochkompetitiven Arbeitswelt ist es notwendig, sich von MitbewerberInnen abzuheben. Die Anforderungen der heutigen Arbeitswelt erfordern klare Alleinstellungsmerkmale, die als *Unique Selling Propositions* (USP) bezeichnet werden.

2. Selbstvermarktung in der Karriere

USPs spielen eine entscheidende Rolle in der individuellen Karriereentwicklung. Man muss seine Bildungs- und Karrierewege sorgfältig reflektieren, um die eigenen USPs zu identifizieren und zu vermarkten.

3. Personal Branding als Strategie

Personal Branding ist ein vielschichtiger Prozess, der darauf abzielt, eine persönliche Marke bewusst zu entwickeln. Dieser Prozess fördert nicht nur einen Wettbewerbsvorteil in Bewerbungssituationen, sondern unterstützt auch den Aufbau eines beruflichen Netzwerks und die Wahrnehmung als Experte auf einem bestimmten Gebiet.

4. Online-Präsenz und Professionalität

Die Onlinepräsenz spielt eine entscheidende Rolle im Rahmen des Personal Brandings. Professionelle und konsistente Darstellungen in sozialen Medien, insbesondere auf Plattformen wie LinkedIn, sind entscheidend, um die Sichtbarkeit zu erhöhen und berufliche Beziehungen aufzubauen.

5. Vielfältige Quellen

USPs können aus verschiedenen Quellen stammen, darunter fallen digitale Kompetenzen, unternehmerische Erfahrungen, Sprachkenntnisse, Praktika und Abschlussarbeiten zu relevanten Themen. Auch die im nächsten Kapitel besprochenen Soft Skills gehören dazu. Die Reflexion über die eigenen Erfahrungen und Kompetenzen ist entscheidend, um wirkungsvolle USPs zu identifizieren.

6. Bedeutung des ersten Erfolgserlebnisses

Das erste Erfolgserlebnis spielt eine Schlüsselrolle in der persönlichen und beruflichen Entwicklung. Es stärkt das Selbstvertrauen, fördert die Selbstwirksamkeit und hat einen positiven Einfluss auf den Selbstwert. Eine bewusste Reflexion über dieses Erfolgserlebnis ermöglicht es, Strategien zu identifizieren, Stärken und Schwächen zu erkennen und eine Grundlage für kontinuierliches Wachstum zu schaffen.

»Es gibt keinen Misserfolg.
Entweder du hast Erfolg oder du lernst.«

Kevin Kruse in Great Leaders Have No Rules (2019)

11. Die wichtigsten Soft Skills

Alle Karrierewege sind unterschiedlich. Der eine studiert Medizin und wird ein respektierter Chirurg. Ein anderer geht einen wirtschaftlichen Weg und landet nach einem dualen Studium bei McKinsey. Eine andere wiederum etabliert sich als Gründerin in der Tech-Branche und ist mit ihrem StartUp erfolgreich. Auch wenn diese drei Wege alle unterschiedlich verlaufen sind, gibt es meiner Meinung nach eine Reihe von Kernkompetenzen, die für alle BildungsaufsteigerInnen relevant sind. Diese begleiten einen die ganze Karriere über und sind erstmal unabhängig von der fachlichen Qualifikation. Es ist ratsam, sich diese schon früh anzueignen und auch immer wieder zu verbessern. Aber das wird im Berufsalltag sowieso dazu gehören, wenn man sich für ambitionierte Karrieren entscheidet. Zu den wichtigsten Kompetenzen gehören Auftreten, Rhetorik, Verhandlungsfähigkeit, Verkaufen und Konfliktmanagement.

Auftreten

Auftreten bezieht sich auf die Art und Weise, wie man sich in verschiedenen Situationen präsentiert. Dazu gehören neben optischen Faktoren wie der Kleidung und dem äußeren Erscheinungsbild aber auch eigene Verhaltensweisen in sozialen

Kontexten. Ein professionelles Auftreten ist wichtig, da es erheblichen Einfluss auf die Karriere haben kann. Besonders in Bewerbungssituationen, aber auch bei Pitches oder Verhandlungen ist das professionelle Auftreten unabdingbar. Egal ob man Seminare an der Uni hält oder dem Vorstand ein Projekt vorstellt, bei dem man ein Budget zu verantworten hat, das Auftreten beeinflusst maßgeblich den Erfolg. Ein professionelles Auftreten hilft dabei, einen positiven ersten Eindruck zu hinterlassen. Besonders in beruflichen Kontexten trägt ein gepflegtes und professionelles Erscheinungsbild zu der eigenen Glaubwürdigkeit bei. Man muss dabei respektabel rüberkommen. Innerhalb eines Betriebs sorgt ein konsequent professionelles Auftreten dafür, dass man als förderungswürdiger angesehen wird. Man erarbeitet sich damit auch höhere Chancen auf Beförderung und neue Herausforderungen.

Kleidung ist hierbei ein wichtiger Faktor. Ich kann hier keine allgemeingültigen Empfehlungen geben, da die Erwartungen und Standards stark zwischen den Branchen, Unternehmen und Kontexten variieren. Was in einer Teambesprechung akzeptabel ist, muss nicht unbedingt auch bei einer Verhandlung mit einem anderen Unternehmen akzeptabel sein. Hier kann ich nur raten, die Umgebung immer gut zu beobachten. Man muss genau hinschauen, wie sich die KollegInnen und Vorgesetzten zu bestimmten Kontexten anziehen und die Zusammenhänge notieren. Man kann notfalls auch nachfragen. Viele Menschen meinen hierbei immer, es muss sich besonders in der Berufswelt um teure Kleidung handeln. Das kann ich nicht bestätigen.

Wichtiger ist, dass die Kleidung sauber, angemessen und gut gepflegt ist. Man kann da kostengünstige Optionen finden, die dennoch einen professionellen Eindruck vermitteln.

Rhetorik

Neben der Kleidung gehören aber auch zwischenmenschliche Faktoren dazu, wie zum Beispiel Körpersprache, Gestik, Hilfsbereitschaft, Aussprache, Wortwahl, Tonfall und Präsentation. Denn das Auftreten beeinflusst, wie man kommuniziert. Diese Faktoren sind schwieriger greifbar als Kleidung, aber auch hier gibt es zahlreiche Ressourcen und Strategien, die wir hier mal unter Rhetorik zusammenfassen. Dabei sollte man sich bewusst machen, wie man auf andere wirken möchte. Ist einem ein selbstbewusstes Auftreten wichtig, dann muss man an den schriftlichen und mündlichen Kommunikationskompetenzen arbeiten. Man muss lernen, sich präzise und höflich auszudrücken. Dabei ist es auch wichtig, den Sprachstil an den Kontext anzupassen. Adaptabilität ist ein Muss. Das eigene Auftreten muss immer an die jeweilige Situation angepasst werden. In verschiedenen Umgebungen und Branchen können unterschiedliche Standards gelten. Es gilt, diese Standards schnell zu identifizieren und umzusetzen.

Dasselbe gilt auch für die Rhetorik, die man gerne als Kunst der überzeugenden Kommunikation versteht. Damit sind die Fähigkeiten gemeint, die einen Menschen befähigen, mündlich oder schriftlich effektiv zu kommunizieren, um die eigenen Ziele zu erreichen oder das Publikum zu überzeugen. Dazu gehören sowohl der Einsatz von Sprache, die Aussprache und der Stil als auch Argumentationstechniken und Struktur. Rhetorik ist eine vielfältige Schlüsselkompetenz über alle Bereiche hinweg, sei es bei konkreten Verhandlungen, Bewerbungen oder im Berufsalltag. Rhetorik spielt eine entscheidende Rolle im heutigen Arbeitsleben, unabhängig davon, in welcher Branche oder Position man tätig ist. Ich möchte hier einige Gründe vorstellen, warum Rhetorik wichtig ist, besonders für Bildungsaufsteiger, und wie man daran arbeiten kann.

Egal ob bei Gesprächen mit Kunden, im Team oder bei Verhandlungen, man muss stets klar, überzeugend und effektiv kommunizieren. Zeit ist in solchen Kontexten knapp bemessen, somit muss man früh lernen, den eigenen Standpunkt knapp, nachvollziehbar und effektiv darzulegen. Gleichzeitig stärkt gute Rhetorik die eigene Überzeugungskraft und es fällt mit der Zeit zunehmend leichter, andere Leute von den eigenen Ideen und Vorschlägen zu überzeugen. Auch Präsentationen profitieren stark von der geübten Rhetorik, da sie hilft, das Vorhaben klar und überzeugend zu präsentieren. Über die Zeit hinweg wird man dann als bereichernder Kollege oder Mitarbeiter wahrgenommen, da die effektive Rhetorik auch dazu beiträgt, die Zusammenarbeit im Team zu fördern und die allgemeine Arbeitsatmosphäre zu verbessern.

Eine andere geschätzte Kompetenz, die mir das ein oder andere Mal Türen geöffnet hat, ist Schlagfertigkeit. Hat man besonders in schwierigen Situationen das nötige Selbstbewusstsein und die Flexibilität schnell und passend auf eine herausfordernde Situation zu antworten, wird einem das hoch angerechnet. Denn nach dem eigentlichen Gespräch bleibt oft nur die Wirkung, die man bei der anderen Person hinterlassen hat. Diese Wirkung wird maßgeblich vom eigenen Auftreten und Rhetorik beeinflusst. Oft erinnern sich die Leute eher an die Art und Weise, wie man rübergekommen ist, als an das, was man gesagt hat.

Rhetorik lässt sich grundlegend nur in der Praxis üben. Nutzt also jede Gelegenheit nutzen, um zu sprechen, sei es in Meetings, Präsentationen oder in informellen Gesprächen. Ich persönlich habe sehr viel dadurch gelernt, meiner Umgebung am Anfang besonders aufmerksam zuzuhören, um mich so am Sprachstil und der Rhetorik meiner fortgeschrittenen KollegInnen zu orientieren. Besonders am Anfang kostet das viel Kraft und Zeit, denn man ist ohnehin in einer neuen fordernden Umgebung. Allerdings zahlt sich das schnell aus. Man muss genau hinhören, wie die neuen KollegInnen reden und dabei auf die Erfolgsquote verschiedener Strategien und Stile achten. Man kann auch innerhalb der neuen Gruppe besonders erfolgreiche RednerInnen oder Personen mit beeindruckenden rhetorischen Fähigkeiten identifizieren und sich an ihnen orientieren. So kann man lernen, wie sie ihre Stimme, Körpersprache und Wortwahl einsetzen. Darüber hinaus kann man auch um konstruktives Feedback von KollegInnen, Vorgesetzten oder MentorInnen bitten. Dieses Feedback ist goldwert. Man lernt so auch neue passende Fachbegriffe und erweitert den Wortschatz. Zur Rhetorik gehört auch die oben bereits angesprochene körperliche Präsenz. Man muss dabei stets auf eine aufrechte, selbstbewusste Haltung und angemessene Gesten achten. Auch hier bietet es sich an, die Umwelt erstmal genau zu beobachten und diese Beobachtungen festzuhalten. So baut man langsam ein eigenes Repertorium an rhetorischen Kompetenzen, die sich flexibel und gewinnbringend einsetzen lassen. Wichtig ist auch die Stärkung der Zuhörtechnik. Es ist besonders in Teamkontexten unabdingbar, genau zuzuhören und auf das Gegenüber wertschätzend zu reagieren. Das könnte man signalisieren, indem man sie sprachlich begleitet (›Wirklich‹, ›Ja!‹), das Gesagte mit eigenen Worten wiederholt (paraphrasieren) oder versucht, die unter der Aussage liegenden Wünsche herauszuhören.

Man muss lernen, in den eigenen Gesprächen die Gesprächsführung zu verstehen und sie in passenden Momenten zu übernehmen. So hat man mehr Einfluss auf den Gesprächsverlauf und die Konsequenzen. Hierbei kann es helfen, verstärkt Fragen zu stellen, denn wer fragt, der führt. Außerdem signalisiert das Interesse. Man kann aber auch aktiv Pausen machen, denn das fördert den Spannungsbogen und erzeugt Aufmerksamkeit auf das Gesagte. In den eigenen Aussagen sollte man stets auf konkrete Beispiele verweisen. Zahlen, Daten und Statistiken sind starke Argumente und man sollte lernen, diese bewusst einzusetzen. Je geübter man ist, desto eher kann man Einwände und Störungen antizipieren und sie so argumentativ vorwegnehmen.

Eine weitere Kernkompetenz, besonders in der Anfangsphase einer jeden Karriere, ist die Kritikfähigkeit. Man muss früh lernen, auf Kritik ruhig und gelassen zu reagieren. Viele rechtfertigen sich gerne schnell, doch das wird vom Gegenüber oft als Schuldeingeständnis interpretiert. Man muss den Einwänden zuhören, um dann später für sich selbst zu reflektieren, welchen Teil der Kritik man annehmen möchte und was für Konsequenzen man daraus zieht. Wichtig ist es auch, genau nachzufragen, worauf sich die Kritik bezieht, um Missverständnisse zu vermeiden. Eine gut gemeinte Kritik fordert auch immer explizit oder implizit eine Verhaltensänderung. Sollten diese Erwartungen nicht klar genug formuliert sein, sollte man besonders im Gespräch mit Vorgesetzten immer nachfragen. Kritik kann sehr förderlich, aber auch sehr destruktiv sein. Es ist unabdingbar, zu lernen schlechte von positiver Kritik zu unterscheiden und passend damit umzugehen.

Natürlich wird es auch Kritik und Einwände geben, die einfach nicht zutreffen. Hier sollte man versuchen, ruhig zu bleiben, um die Angelegenheit richtigzustellen. Das kann man elegant mit einigen bewährten Formulierungen, zum Beispiel: »Ich kann Ihre Auffassung sehr wohl verstehen, nur …«. Oder man fragt nach: »Habe ich Sie richtig verstanden? Es geht Ihnen um …?«.

Verhandlungsfähigkeit

Am stärksten braucht man die oben genannten Kompetenzen für den ultimativen Showdown, die Verhandlung. Wenn es wirklich um etwas geht, so zum Beispiel um eine Beförderung, eine Akquise oder einen anderen kritischen Wendepunkt, muss man mit einem geübten Auftreten und einer überzeugenden Rhetorik glänzen. Eine weitere wesentliche Kernkompetenz für solche Situationen ist auch die Verhandlungsfähigkeit.

Hier kommen verschiedene Verhandlungstaktiken ins Spiel, von denen ich euch drei kurz erläutern möchte. Es gibt aber darüber hinaus noch zahlreiche generelle und spezifische Verhandlungstechniken, mit denen man sich beschäftigen sollte. Zunächst möchte ich euch drei verschiedene Szenarien skizzieren.

Bei einer kooperativen Verhandlungsstrategie zielt man auf eine klassische Win-Win-Situation ab, d.h. hicr arbeiten alle Parteien gemeinsam an einer Lösung, die alle Interessen beachtet und für alle vorteilhaft ist. Hier ist man bedacht, kreative Lösungen zu finden, die für beide Seiten von Vorteil sind. Die Idee ist, den Gesamtwert der Vereinbarung zu maximieren, weswegen diese Strategie oft bei komplexen Verhandlungen angewendet wird, bei denen es um viele verschiedene Punkte geht. Die Kommunikation ist bei diesem Gespräch offen und transparent, denn allen Parteien ist die Beziehung wichtig. Dieses Szenario findet man bei Verhandlungen zwischen langjährigen Geschäftspartnern oder zum Beispiel, wenn eine schon bestehende Partnerschaft stärker ausgebaut werden soll. Kommunikative Merkmale einer solchen Strategie sind aktives Zuhören und das Zeigen von Verständnis. Die Beteiligten versuchen, gemeinsame Interessen explizit zu identifizieren, um eine transparente Verhandlung zu ermöglichen. Das bedeutet auch, dass die Beteiligten offen mit ihren Informationen umgehen.

Bei einer wettbewerbsorientierten Verhandlungsstrategie geht es mindestens einer Partei eher um den eigenen Vorteil. Diese Strategie ist stark wettbewerbsorientiert, d.h. die Parteien versuchen stark ihre eigenen Ziele umzusetzen und sind weniger bis gar nicht kompromissbereit. Sie wird auch alternativ als Nullsummenspiel oder Win-Lose-Verhandlung bezeichnet. Diese Art von Verhandlung ist anstrengend und bedarf einer Reihe von anspruchsvollen Verhandlungstechniken. Die Verhandlungen sind meistens aggressiver, denn es geht darum, den maximalen Nutzen für sich selbst herauszuholen, auch wenn dies auf Lasten der anderen Partei geht. Es geht hierbei meistens um Situationen, in denen die Ressourcen begrenzt sind und eine Partei mehr erreichen möchte. Dies wird oft in Verhandlungen über Preise oder Budgets angewendet. Ein mögliches Szenario wäre hier ein Gespräch zwischen einem Produzenten und einem Lieferanten, der so schnell wie möglich einen Engpass füllen soll. Da es sich hierbei nicht um eine langfristige Zusammenarbeit handelt, kann der Produzent aggressiv versuchen, den niedrigsten Preis zu erhalten, selbst wenn das für den Lieferanten nicht besonders oder gar nicht lukrativ ist. Der

Fokus liegt hier auf der Maximierung der Gewinne. Deswegen werden die Ziele vor dem Gespräch identifiziert. Auch hier ist ein Verhandlungsspielraum gegeben, aber der ist sichtlich kleiner als bei einer kooperativen Verhandlung. Gleichzeitig ist hier ein souveränes Auftreten umso wichtiger, da die eigene Position aktiv verteidigt und eingefordert werden muss.

Die dritte Möglichkeit ist eine kompromissorientierte Verhandlungsstrategie, bei der die Parteien zwar nicht so kooperativ wie im ersten Szenario aber auch nicht so wettbewerbsorientiert wie im zweiten Szenario auftreten. Hier geht es um die Verhandlung eines Mittelwegs, bei der alle Parteien Kompromisse machen müssen. Diese Zugeständnisse werden meistens schon vorher intern besprochen und in der Verhandlung nur noch diskutiert und festgelegt. Es geht darum, Zugeständnisse zu machen und gleichzeitig bestimmte Ziele zu erreichen. Diese Strategie kann in Situationen angewendet werden, in denen eine schnelle Einigung erforderlich ist und beide Seiten bereit sind, auf einige ihrer Forderungen zu verzichten. Im Gegensatz zu den anderen Alternativen ist hier eine längere Zusammenarbeit möglich, aber nicht unbedingt notwendig. Ein passendes Beispiel wäre die einmalige Kooperation zweier Unternehmen an der Gestaltung eines Projekts, bei dem beide Seiten bereit sind, Zugeständnisse in Bezug auf Marketing, Planung und Beschäftigung zu machen.

Die richtige Verhaltensweise hängt stark von der spezifischen Situation und der eigenen Position innerhalb der Verhandlung ab. Unabhängig von der gewählten Strategie gibt es einige allgemeine Tipps für jede Verhandlung. Man muss sich für Verhandlungen immer gründlich vorbereiten und vorab festlegen, welche möglichen Zugeständnisse und Forderungen man erwartet. Während der Verhandlung muss man stark auf die emotionale Verfasstheit der VerhandlungspartnerInnen achten und versuchen, konstruktiv und gewinnbringend mit diesen Emotionen umzugehen. In der Kommunikation muss man darauf achten, stets klar und präzise zu sein. Missverständnisse sind zu vermeiden. Dazu gehört aktives Zuhören. Wichtig ist aber auch eine gewisse Flexibilität, denn nur so wird man als flexibler und kompetenter Verhandlungspartner wahrgenommen. Das regelmäßige Üben dieser Techniken in verschiedenen Kontexten, idealerweise in realistischen Simulationen oder Rollenspielen, kann helfen, Verhandlungsfähigkeiten zu verbessern. Es ist auch wichtig, Feedback von Peers oder Mentoren einzuholen, um Stärken zu stärken und Schwächen zu identifizieren. Ein erfolgreiches Verkaufsgespräch erfordert sorgfältige Planung, effektive Kommunikation und die Fähigkeit, die Bedürfnisse der anderen Beteiligten zu verstehen.

Verkaufsmanagement

Die oben genannten Punkte zur Verhandlungsfähigkeit gelten natürlich auch für Verkaufskontexte, aber hier gibt es noch weitere spezifische Merkmale. Das Üben von Verkaufsfähigkeiten ist entscheidend für beruflichen Erfolg, insbesondere für Bildungsaufsteiger, die möglicherweise nicht nur fachliche, sondern auch soziale Kompetenzen betonen müssen. Dazu gehört die passende Vorbereitung, inklusive der Forschung über den Kunden und das relevante Produkt. Auch hier zählen im Gespräch die Kernkompetenzen der Rhetorik und des Auftretens. Gleichzeitig geht es in diesen Gesprächen auch um Preisverhandlungen. Hier kann man zum Beispiel auf den Ankereffekt bauen, der auch für Gehaltsverhandlungen relevant ist. Grob gesagt baut dieser darauf auf, dass Menschen die Tendenz haben, sich bei Schätzungen und Entscheidungen stark von einem zuvor präsentierten Wert beeinflussen zu lassen. Konkret sieht das so aus: Ist man in einer Preisverhandlung, achtet man darauf, die Preisvorstellung als erstes bewusst hoch anzusetzen. Dieser Wert, auch wenn er eigentlich zu hoch ist, setzt den Anker für das folgende Gespräch und markiert den Rahmen. Man kann mit diesem Anker also signifikant die Wahrnehmung der anderen Verhandlungspartner beeinflussen. Setzt man also bewusst einen überhöhten Anker, verschiebt man den Verhandlungsbereich in eine gewünschte Richtung. Selbst wenn der ursprüngliche Anker unrealistisch hoch ist, kann er dazu führen, dass spätere Angebote oder Forderungen moderater erscheinen. Man sollte diesen Effekt aber nur in passenden Situationen benutzen und sich der eigenen Position bewusst sein. Setzt ihr diesen Anker zum Beispiel in der Gehaltsverhandlung unverschämt hoch, kann dies als Affront von eurem Arbeitgeber aufgenommen werden.

Darüber hinaus wird bei dem Verkaufsgespräch besonders viel Wert auf den Abschluss gelegt, da hier eine deutliche Handlungsaufforderung erfolgen muss, den man auch als Call-to-Action bezeichnet. Die nächsten Schritte müssen an dieser Stelle klar und deutlich abgesprochen sein, damit es auch zu einem Erfolg kommt. Das hilft nicht nur der unmittelbaren Verhandlung, sondern intensiviert das Vertrauen und stärkt somit die Geschäftsbeziehung als solches.

Konfliktmanagement

Auch für das Konfliktmanagement gibt es einige Techniken, die sich bewährt haben und von denen ich später zwei vorstellen möchte. Konflikte gehören zu einer erfolgreichen Karriere dazu, weswegen Konfliktfähigkeit und die passenden sozialen Kompetenzen so wichtig sind. Es wird immer wieder zu Konflikten kommen. Deswegen sind diese Skills notwendig. Denn eine starke Konfliktfähigkeit führt zu positiven Arbeitsbeziehungen und einem produktiven Umgang mit verschiedenen Meinungen. Besonders Kompromissbereitschaft und eine Lösungsorientierung sind hier wichtig. Dazu kommt noch eine nötige emotionale Intelligenz im Umgang mit negativen oder destruktiven Beiträgen.

Eine Technik, um den Fokus einer Verhandlung zu verschieben, ist zum Beispiel das Reframing. Beim Reframing geht es primär darum, das vom Verhandlungspartner Gesagte umzuformulieren, um den Fokus zu verändern oder zum Beispiel von einem problemzentrierten zu einem lösungsorientierten Ansatz zu wechseln. Durch das Aufgreifen der Aussage zeigt man Kompromissbereitschaft. Gleichzeitig kann man das Gesagte umformulieren und zum Beispiel Informationen ergänzen, weglassen oder anders darstellen. In einer Teambesprechung ist ein Kollege vehement gegen eine vorgeschlagene Veränderung, weil sie zu viel Unruhe erzeugen würde. Anstatt den Widerstand auszuschlagen, zeigt man mit dem Reframing Verständnis für die Position und arbeitet den darunterliegenden Wunsch aus: »Sie möchten also, dass alles ruhig läuft?«. Darauf kann man aufbauen und den Kollegen fragen, wie man die vorgeschlagene Veränderung und sein Bedürfnis nach Ruhe kombinieren könnte. Reframing erfordert Sensibilität für die Dynamik der Verhandlung und die Fähigkeit, kreativ neue Wege zur Betrachtung von Problemen zu finden. Es kann dazu beitragen, Verhandlungen produktiver zu gestalten und zu einem besseren Verständnis zwischen den Parteien beizutragen. Man bezeichnet Reframing auch als Umdeutung oder Neubewertung.

Eine andere wirkungsvolle Technik ist taktisches Schweigen, also die absichtliche Entscheidung, für eine bestimmte Zeitdauer still zu bleiben. Man ruft damit bestimmte Reaktionen hervor und beeinflusst die Dynamik des Gesprächs. Will man zum Beispiel mehr Zugeständnisse in einem Gespräch, so kann man durch das Unbehagen der Stille den Verhandlungspartner dazu bewegen, noch mehr Zugeständnisse zu machen. Oft versuchen die Leute diese Lücke nämlich zu füllen. Gleichzeitig bringt taktisches Schweigen auch Zeit für eigene Überlegungen und strategische Entscheidungen. Man kann damit also die Verhandlungsdynamik erheblich verbessern. Man kann taktisches Schweigen auch einsetzen, um die Kontrolle über den Verhandlungsverlauf zu behalten. Man muss dabei aber beachten, dass man diese Technik sorgfältig und bewusst einsetzt, denn es kann schnell als störend empfunden werden, wenn man die Technik zu oft oder an unpassenden Momenten einsetzt. Es kann auch schnell manipulativ wirken. Die Konfliktfähigkeit kann und muss trainiert werden. Dazu kann man Feedback einholen, verschiedene Strategien und Techniken ausprobieren und sich Referenzen suchen. Wichtig ist es, hier viel Lernbereitschaft zu zeigen.

Die drei beschriebenen Techniken sind lediglich Beispiele, die meine Softskills bereits an vielen Stellen bereichert haben. Allerdings sind diese auch Typsache und stark vom Kontext abhängig. Man muss sich also früh mit diesen Strategien und Techniken auseinandersetzen, um das passende Werkzeug zu finden und den Umgang damit zu üben. Letztendlich muss man selbst lernen, wie man am besten verhandelt und sich durchsetzt.

Empfehlungen

1. Auftreten

Auftreten bezieht sich auf die Präsentation in verschiedenen Situationen, inklusive Kleidung, äußerem Erscheinungsbild und sozialem Verhalten. Es ist entscheidend, da es einen erheblichen Einfluss auf die Karriere haben kann, besonders in Bewerbungs- und Verhandlungssituationen. Ein professionelles Auftreten trägt zu einem positiven ersten Eindruck bei und fördert die Glaubwürdigkeit und Förderungschancen im Beruf. Ihr solltet bemerkbar, aber bodenständig auftreten.

2. Rhetorik

Die Rhetorik, als Kunst der überzeugenden Kommunikation, ist in verschiedenen Kontexten unerlässlich. Rhetorische Fähigkeiten, darunter klare Kommunikation, aktives Zuhören und angepasstes Auftreten, fördern nicht nur die Überzeugungskraft, sondern verbessern auch die Zusammenarbeit im Team. Ihr macht euch so zu einem Asset für jedes Unternehmen. Rhetorik umfasst zwischenmenschliche Faktoren in der Kommunikation wie Körpersprache, Aussprache und Wortwahl. Sie beeinflusst, wie wir kommunizieren, überzeugen und präsentieren. Eine geübte Rhetorik ist in Gesprächen mit Kunden, im Team oder bei Verhandlungen entscheidend. Das bewusste Anpassen des Sprachstils an verschiedene Kontexte und die Fähigkeit, überzeugend zu kommunizieren, sind hierbei grundlegend.

3. Verhandlungsfähigkeit
In Verhandlungen sei es um Beförderungen, Akquisitionen oder andere kritische Punkte, sinde ein geübtes Auftreten und überzeugende Rhetorik von entscheidender Bedeutung. Unterschiedliche Verhandlungsstrategien, wie kooperative, wettbewerbsorientierte oder kompromissorientierte, können je nach Situation angewendet werden. Eine gründliche Vorbereitung, klare Kommunikation und Flexibilität sind Schlüsselfaktoren in diesem Bereich.

4. Verkaufsmanagement
Verkaufsfähigkeiten sind für beruflichen Erfolg von großer Bedeutung, insbesondere für Bildungsaufsteiger. Neben Rhetorik und Auftreten umfasst der Verkaufsprozess die passende Vorbereitung, Forschung über den Kunden und das Produkt sowie die Fähigkeit, geschickt in Preisverhandlungen zu agieren. Der Abschluss, auch als Call-to-Action bekannt, ist entscheidend, um eine klare Handlungsaufforderung zu formulieren.

5. Konfliktmanagement
Konflikte sind ein natürlicher Bestandteil einer Karriere. Die Fähigkeit zum Konfliktmanagement ist dabei entscheidend. Hierbei sind Kompromissbereitschaft, Lösungsorientierung und emotionale Intelligenz Schlüsselfaktoren. Techniken wie Reframing (Umdeutung) und taktisches Schweigen können dabei helfen, Konflikte produktiv zu gestalten und positive Arbeitsbeziehungen zu fördern.

6. Wichtigkeit

Insgesamt sind diese Fähigkeiten nicht nur für Bildungsaufsteiger, sondern für jeden, der eine ambitionierte Karriere anstrebt, von großer Bedeutung. Die kontinuierliche Entwicklung und Verbesserung dieser Kernkompetenzen tragen dazu bei, berufliche Chancen zu maximieren und sich in verschiedenen beruflichen Situationen erfolgreich zu behaupten.

»Das beste Training liegt noch immer
im selbstständigen Machen.«

Cyril Northcote Parkinson (zugeschrieben)

12. Netzwerk

Eins steht fest: Ich wäre heute nicht an der Stelle in meinem beruflichen und akademischen Werdegang ohne mein Netzwerk. Auch wenn mir aus irgendeinem Grund bessere finanzielle Möglichkeiten zur Verfügung gestanden hätten, wäre ich ohne mein Netzwerk nicht so weit gekommen. Denn ein Netzwerk ist elementar. Es entscheidet, ob man es nach oben schafft oder nicht. Niemand ist als CEO geboren. Auch wenn man auf dem Papier super qualifiziert scheint, hängt der tatsächliche Werdegang von der Stärke des Netzwerks ab. Das bedeutet nicht, dass man alle Leute in einer Branche kennen oder ein besonders großes Netzwerk haben muss. Es geht vielmehr um die Qualität dieses Netzwerks. Der Wert eines einzelnen Kontakts erschließt sich aus der Wichtigkeit der Person innerhalb des entsprechenden Wirkungskreises und der Qualität der Beziehung. In diesem Kapitel werde ich das erklären.

In meinem Werdegang gab es mehrere kritische Situationen, die ich nur mit Hilfe von wichtigen Kontakten und MentorInnen erfolgreich für mich verwerten konnte. Dabei habe ich mittlerweile zahlreiche gute Beziehungen zu MentorInnen aus der Luftfahrtbranche und meinem Vertrauensdozent der Hans-Böckler-Stiftung, dem Univ.- Prof. Dr. Wenzel Matiaske von der Helmut-Schmidt-Universität. Dieser ist aktuell auch mein Doktorvater und allein das zeigt, wie wichtig das Netzwerk und die Netzwerkpflege ist. Es zeigt auch, dass ein Stipendium weitaus mehr als nur finanzielle Unterstützung bietet.

Aus anderen Branchen kann ich auf das wertvolle Feedback von Kai Rose bauen, einem bedeutenden Verleger der Mediengruppe Klambt. Darüber hinaus schätze ich die Beziehung zu einem Fachanwalt eines MDAX-Industrieunternehmens und zahlreichen weiteren Beziehungen in verschiedenen Branchen. Im Zuge des Stipendiums des REACH Leadership Programme habe ich zum Beispiel Prof. Dr. Rüdiger Grube als Mentor gewinnen können. Mittlerweile ist der Wirtschaftsmanager Multi Aufsichtsratsvorsitzender bei diversen Großunternehmen. Er ist der Aufsichtsratsvorsitzende der HHLA, der Hamburger Hafen- und Logistik Aktiengesellschaft. Außerdem ist er Mitglied in zahlreichen Aufsichtsräten, Stiftungen und Gesellschaften und hat einen überaus eindrucksvollen Lebenslauf vorzuweisen. Er ist Ehrenprofessor und hat promoviert, sein eigenes Unternehmen gegründet und wird von vielen führenden Unternehmen geschätzt. All diese MentorInnen waren und sind weiterhin fundamental für meine persönliche, berufliche und akademische Entwicklung. Deswegen möchte ich in diesem Kapitel erklären, was ein Netzwerk genau ist, warum es für den Erfolg so wichtig ist, wie man ein Netzwerk aufbaut und auf was für Herausforderungen man stößt. Ich gebe dabei praktische und strategische Hinweise und illustriere sie mit Beispielen aus meinem Werdegang.

Was ist ein Netzwerk?

Ein Netzwerk ist erst einmal ein berufliches Netzwerk an Personen, die auf professioneller Ebene miteinander verbunden sind. Ein Netzwerk ist ein lebendiges Geflecht an Verbindungen, über die zum Beispiel Ressourcen und Informationen ausgetauscht werden. Darüber hinaus ist das Netzwerk auch ein Schlüssel für berufliche Chancen, da neue Möglichkeiten und Chancen oft erst innerhalb dieser Netzwerke kommuniziert werden, bevor sie öffentlich gemacht werden. Manchmal ist es sogar so, dass man eigentlich nur an die Chancen herankommt oder über sie Bescheid weiß, wenn man Teil eines solchen Netzwerks ist. Ein Netzwerk ermöglicht so zum Beispiel den Zugang zu Informationen über Fortbildungsprogramme, Stipendien, Karriereveranstaltungen und andere Bildungschancen. Besonders für Bildungsaufsteiger ist das Netzwerk der primäre Ort, um MentorInnen zu finden und für sich zu gewinnen. Diese können nicht nur berufliche Orientierung geben, sondern helfen auch aktiv dabei, das eigene Profil zu stärken und Herausforderungen zu meistern. Ein Netzwerk ist also eine Grundbedingung für die Karriereentwicklung. Kontakte zu Industrieexperten, Arbeitgebern und erfahrenen Fachleuten können Türen für Praktika, Forschungsmöglichkeiten und potenzielle Karrierewege öffnen.

Im Allgemeinen bilden sich Netzwerke zwischen Gleichgesinnten. Es schließen sich Menschen aufgrund eines gemeinsamen Interesses einem Netzwerk an. Am naheliegendsten ist zum Beispiel berufliche Zugehörigkeit, z. B. bei

Börsenmaklern. Manche Menschen finden jedoch auch in einer Gruppe ehemaliger Studenten, in einer sozialen Gruppe der Gemeinde oder in einem privaten Club effektive Networking-Möglichkeiten. Da aber alle Mitglieder auch unterschiedliche Interessen haben, sind alle Netzwerke individuell. Für Berufstätige bieten sich die besten Networking-Möglichkeiten auf Messen, Seminaren und Konferenzen, die eine große Anzahl von Gleichgesinnten anziehen. Berufstätige nutzen Networking, um ihren Bekanntenkreis zu erweitern, sich über Stellenangebote in ihrem Bereich zu informieren und ihr Bewusstsein für Neuigkeiten und Trends in ihrem Bereich oder in der Welt zu schärfen.

Warum sind Netzwerke so wichtig?

Netzwerke spielen für AufsteigerInnen und ambitionierte Menschen eine große Rolle. Neben den bereits erwähnten Zugängen zu wichtigen Ressourcen, Ratschlägen und Chancen wird man über ein starkes Netzwerk erst wirklich sichtbar. Besonders wenn man ohne relevante Kontakte und Verbindungen zu etablierten Personen geboren ist, muss man sich die Sichtbarkeit erstmal erarbeiten. Das gilt besonders in der heutigen medialen Welt, bei der man sich als AufsteigerIn unbedingt frühzeitig auf Plattformen wie LinkedIn platzieren muss. Ich gehe später noch einmal auf diese Onlineplattformen ein, da diese Auftritte genau wie die Beziehungen in einem Netzwerk regelmäßig gepflegt werden müssen. Man kann nicht einfach ein Profil erstellen und sofort hoffen, dass sich die möglichen positiven Effekte von alleine einstellen. Man muss es regelmäßig aktualisieren und sich aktiv mit den Kontaktmöglichkeiten der Plattform auseinandersetzen.

Darüber hinaus sind Netzwerke auch Orte der Inspiration und Motivation, denn der Austausch mit erfolgreichen, innovativen und ambitionierten Menschen ist immer eine Bereicherung. Netzwerke teilen Erfolgsgeschichten und geben Einblicke in die Mechanismen der erfolgreichsten Personen. Das kann besonders für Bildungsaufsteiger ermutigend wirken. Es werden auch Erfahrungen beim Umgang mit Herausforderungen geteilt, die dabei helfen können, den eigenen Umgang mit Schwierigkeiten zu reflektieren und zu verbessern.

Für Leute aus der StartUp-Szene ist das Networking zum Beispiel unabdingbar. Als NeugründerIn sucht man immer nach neuen UnternehmenspartnerInnen oder nach InvestorInnen. Besonders in der Anfangsphase ist der aktive Ausbau eines Netzwerkes für den Erfolg wichtig. Gleichzeitig stärkt man als Unternehmer so das eigene Umfeld, aus dem sich in Zukunft wiederum neue Möglichkeiten ergeben werden. Der Effekt multipliziert sich ab einem bestimmten Zeitpunkt von alleine. Dafür muss man sich aber die richtigen Kompetenzen für das Netzwerken aneignen und wissen, wie man diese Beziehungen richtig pflegt. Aber auch für alle anderen ambitionierten Talente können die Beziehungen die persönliche und berufliche Entwicklung fördern und den Weg zu erfolgreichen Bildungs- und Karrierewegen ebnen. Dafür muss man nicht nur ein Netzwerk aufbauen, sondern dieses auch pflegen und weiterentwickeln. Man darf nicht warten, bis andere auf einen zukommen, sondern selbst die Initiative ergreifen. Man muss sein Glück selbst in die Hände nehmen.

Wie baue ich mir ein Netzwerk auf?

Viele Menschen denken, dass man bloß viele Menschen oberflächlich kennen muss, um ein gutes Netzwerk zu haben. Das ist falsch. Richtig ist, dass man beim Netzwerken auch oft nur oberflächlich Leute kennenlernt und sich dann keine ergiebige Beziehung daraus entwickelt. Man muss auch nicht mit jedem Kontakt immer im intensiven Austausch stehen. Darum geht es gar nicht. Aber das oberflächliche Netzwerken gehört dazu, denn auch so kann man wichtige Leute kennenlernen. Das Netzwerken erfordert Zeit, Planung und eine passende Strategie.

Die erste Möglichkeit zum Netzwerken liegt eigentlich ziemlich nahe. Denn dafür muss man die Kontakte, die man ohnehin schon hat, nur richtig formalisieren und abspeichern. Dazu gehören zum Beispiel DozentInnen, ArbeitskollegInnen oder das unmittelbare Umfeld beim ersten Praktikum. Alle Kontakte sind potenziell wichtig für ein gutes Netzwerk. Wenn man als ambitionierter Mensch bereits im Studium aktiv ist, lernt man sowieso schon einige Leute kennen, die man unbedingt in sein Netzwerk eingliedern sollte.

Ein anderer möglicher Weg, um sein Netzwerk aufzubauen,

sind Networkingevents. Es gibt zahlreiche branchenspezifische Konferenzen, Seminare oder Veranstaltungen, bei denen man die Möglichkeit hat, relevante Akteure kennenzulernen. Wichtig hierbei ist natürlich auch, dass man diesen Leuten im Gedächtnis bleibt oder sie später daran erinnert (siehe nächstes Unterkapitel). Dazu gehört dann zum Beispiel ein kleiner Elevatorpitch mit dem man sich selbst und die eigenen beruflichen Interessen kurz und aussagekräftig vermitteln kann. Das kann und sollte man üben. Außerdem verbessern sich diese Skills auch mit der Zeit. Für solche Kontexte sind die im letzten Kapitel erklärten Soft Skills nicht zu unterschätzen. Denn auf solchen Events hat man nicht viel Zeit. Dementsprechend muss man seine eigene Gesprächsfähigkeit entwickeln und zum Beispiel lernen, wie man elegant Konversationen beginnt, führt und beendet. Man muss auch bedenken, dass man selbst auch einen Mehrwert für die neuen Kontakte darstellen sollte. Es ist deswegen wichtig, authentisch, interessiert und unterstützend zu sein, um langfristige und bedeutungsvolle Netzwerkbeziehungen aufzubauen.

Viele meiner Netzwerkkontakte habe ich über Stipendien, auf der Arbeit und deren Alumninetzwerke kennengelernt. Denn Stipendien sind wirklich über die finanzielle Förderung hinaus fundamental für die eigene Entwicklung. Sie öffnen komplett neue Räume und Gruppen, die man dann strategisch verwerten kann. Dazu gehören zum Beispiel ehemalige StipendiatInnen, die MitarbeiterInnen der Stiftungen selbst oder Gäste, die auf die Veranstaltungen eingeladen werden. Oft geben solche Veranstaltungen auch bewusst Raum und Zeit für den Austausch.

Diese Momente muss man nutzen und mutig auf wertvolle Kontakte zugehen.

Ich erinnere mich noch genau, wie aufgeregt ich bei einem meiner ersten Netzwerktreffen 2018 von der Deutschlandstiftung Integration war. Damals war unter anderem der aktuelle Vorstandsvorsitzende der Deutschen Telekom AG, Timotheus Höttges, eingeladen. Ich hatte mich auf das Treffen vorbereitet und mich entschieden, ihm eine ganz ehrliche Frage zu stellen. Doch natürlich ist man vor so einem Gespräch nervös, besonders wenn viele andere Leute auch mit ihm sprechen wollen und sich buchstäblich eine Traube von Menschen um ihn herum gebildet hat. Trotz meiner Nervosität und der schwitzigen Hände, habe ich mich glücklicherweise überwunden und fragte ihn in einem passenden Moment einfach: »Hallo Herr Höttges, mein Name ist Nurî und ich habe eine Frage. Haben Sie zwei Minuten Zeit?« Nachdem er nickte, erzählte ich ihm, dass ich noch nie einen Vorstandsvorsitzenden in meinem Leben getroffen habe und fragte ihn, wie so ein Arbeitsalltag für ihn aussieht. Er war sehr freundlich, was mich sehr beruhigte. Er erzählte aus seinem Arbeitsalltag und die Konversation nahm einen natürlich Lauf. Wir redeten über den Stellenabbau und die besondere Rolle eines Telekommunikationsunternehmens in der Digitalisierung. Das war für mich eine wertvolle Erfahrung, da ich mich trotz der Selbstzweifel getraut habe, ihn anzusprechen.

Ich habe seit diesem Gespräch immer wieder aufs Neue gelernt, dass man solche Gespräche mit einer grundsätzlichen Offenheit eigentlich immer meistert. Erfolgreiche Leute mögen es, über sich und ihren Erfolg zu sprechen. Sie sind immer voll im Thema drin und können deswegen auch immer darüber reden. Wenn man ein ehrliches Interesse an ihnen und ihrem Erfolg hat, ergibt sich ein Gespräch ganz von allein.

Das ist aber nur der erste Schritt. Man darf nicht die Erwartungshaltung haben, dass da direkt ein Mehrwert entsteht. Bis jetzt hat lediglich ein Gespräch stattgefunden. Dieser Erstkontakt muss dann auch registriert werden. Das geht zum Beispiel über Plattformen wie LinkedIn, aber auch über E-Mail. Der Kontakt muss dann gepflegt werden, doch dazu später mehr.

Heutzutage entstehen auch immer mehr Kontakte online, so zum Beispiel auf LinkedIn. Das ist für mich ein Must-have. Denn LinkedIn ist die einzige Plattform, auf der man mit Hilfe der eigenen Leistung auf sich aufmerksam machen kann. Man wird sichtbar. Auch dort kann man den Erstkontakt erfolgreich initiieren. Dazu identifiziert man in einem ersten Schritt relevante Kontakte. Dann schreibt man diese mit der Chatfunktion an. Dabei ist es wichtig, diese Leute abzuholen. Man sollte sich kurz und aussagekräftig vorstellen und irgendwie einen persönlichen Link zu der Person herstellen. Das geht über eine Anekdote oder über eine gemeinsame Veranstaltung. Man sollte sich auch vorher überlegen, was man konkret von der Person und dem Kontakt erwartet. Wenn man erfolgreich ist, teilt man sich jetzt auf LinkedIn ein Netzwerk und ist so stärker mit der Person verbunden.

Sowohl für das Netzwerken in Person als auch digital gelten einige Richtlinien. Wichtig ist, dass man proaktiv auf die

Leute zugeht. Man darf sich nicht verschließen und nicht zu sehr zögern. Leute haben auch oft Angst vor einer Blamage oder einer unangenehmen Situation. Das kann ich so nicht bestätigen. Natürlich hat man gerade am Anfang Schwierigkeiten, aber diesen kann man nur mit Praxis entgegenwirken. Besonders hier ist das Kapitel über die Soft Skills relevant. Die meisten Leute übersehen aber, dass der Aufbau eines Netzwerks nur der erste Schritt ist. Genauso fundamental ist aber die Kontaktpflege.

Wie pflege ich mein Netzwerk?

Nach dem Erstkontakt und der bereits beschriebenen Formalisierung des Kontakts (man schreibt eine Mail oder verlinkt sich auf LinkedIn) beginnt eine dritte Phase, die der Kontaktpflege. Hier kommt es darauf an, sich regelmäßig bei der anderen Person zu melden und sie im Blick zu haben. Beziehungspflege bedeutet nicht, sich jede Woche bei einer Person zu melden, sondern sie systematisch an bestimmten Punkten zu kontaktieren, ohne eine konkrete Erwartung an sie zu stellen. Was sich dafür gut eignet, sind Feiertage und wichtige Events. Man kann sich dann mit einer freundlichen und offenen Nachricht bei der anderen Person melden, so zum Beispiel an ihrem Geburtstag oder an Neujahr. Dazu sollte man sich diese Geburtstage natürlich im Kalender vermerken und vor wichtigen Feiertagen eine Liste mit wichtigen Kontakten abarbeiten. Wenn man eine Person bei

LinkedIn verfolgt, kann man natürlich auch zu besonderen Erfolgen gratulieren und diese kommentieren.

Ich erlebe oft, wie Leute sich beschweren, dass sie keine Antwort von Leuten in ihrem Netzwerk erhalten. Meiner Meinung nach hat das oft mit ihrem eigenen Verhalten zu tun. Sie lernen einen wichtigen Kontakt kennen, pflegen aber die Beziehung nicht und kontaktieren die Person dann erst, wenn sie eine konkrete Frage oder einen Bedarf haben. Diese Erwartungshaltung ist falsch und nicht zielführend. Sie überspringen den zweiten und dritten Schritt und erwarten, dass die Leute sich sofort melden, wenn sie selbst etwas brauchen.

Deswegen sind alle vier Schritte so essenziell: Kontaktaufnahme, Kontaktregistrierung, Beziehungspflege und Anfrage. Erst dann entsteht ein Mehrwert. Das erfordert Zeit und ein systematisches Vorgehen. Erst wenn die Beziehung eine akzeptable Tiefe hat, sollte man sich mit konkreten Anfragen an die Person wenden. Dann kann man zum Beispiel nach Rat fragen oder über eine intensivere und persönliche MentorInnenbeziehung nachdenken.

Mentoring

Die richtigen MentorInnen zu finden ist nicht einfach, aber fundamental für den Bildungsaufstieg. Besonders Menschen, die sich in einem neuen Umfeld bewegen, brauchen die richtige Orientierung und Unterstützung, manchmal auch Ermutigung.

Dafür sind Beziehungen zu MentorInnen besonders wichtig. Sie verfügen oft über umfangreiche Erfahrung in ihrem jeweiligen Bereich. Für Bildungsaufsteiger können sie eine wichtige Orientierung bieten, indem sie Einblicke in die Branche, die Arbeitswelt und die erforderlichen Fähigkeiten geben. Nur so kann man auch wirklich informierte Entscheidungen zu Bildungs- und Karrierewegen treffen. Gleichzeitig haben MentorInnen natürlich selbst ein produktives Netzwerk, das sie ihren Mentees auch gerne zur Verfügung stellen. Gleichzeitig können sie Ratschläge für die Karriereentwicklung und das eigene persönliche und berufliche Wachstum geben. Die Beziehungen zu MentorInnen sind also potenziell transformativ.

Es gibt einige Stipendien, die hauptsächlich zur MentorInnenfindung dienen. Dazu gehören zum Beispiel das Stipendium ›Geh deinen Weg‹ von der Deutschlandstiftung Integration sowie e-fellows.net und einige Industriestipendien. Bei der DSI bekommt man für zwei Jahre einen Mentor, den man sich selbst aussuchen kann. Die DSI kontaktiert daraufhin den Mentor und fragt an, ob eine Mentoringtätigkeit in Frage käme. Ein Stipendium bei e-fellows.net unterstützt mit geldwerten Leistungen, einem umfangreichen Programm zum Aufbau eines Netzwerkes und der Unterstützung bei der eigenen Karriereplanung. Dazu gehören auch viele Netzwerktreffen und andere Möglichkeiten, MentorInnen kennenzulernen. Denn auch wenn man nicht Teil eines Mentoringprogramms ist, kann man sich selbst auch Mentoringbeziehungen erarbeiten, indem man proaktiv auf interessante Leute zugeht. Natürlich muss man auch hier erst erfolgreich die vier Phasen durchlaufen. Doch oft ergeben sich auch aus natürlichen Kontakten hilfreiche MentorInnen, die einen für einen bestimmten Zeitraum über unterstützen.

Egal ob als Teil eines Programms oder über eigene Initiative, jedes Mentoringverhältnisses bedarf eines Erwartungsmanagements. Man muss erst für sich selbst dann gemeinsam mit der Person klare Absprachen treffen. Dieser Schritt ist wichtig, da die Erwartungen zu dem Mentor passen müssen. Falls es da zu große Unterschiede gibt, ist diese Person an dieser Stelle nicht der richtige Mentor. Dabei gibt es unterschiedliche Erwartungen, die man an einen Mentor stellen kann. Man kann zum Beispiel vereinbaren, dass man sich in regelmäßigen Abständen trifft, um den Karrierefortschritt zu betrachten. Man kann auch bedarfsbedingt vor wichtigen Entscheidungen zusammenkommen. Man kann auch vereinbaren, dass der Mentor den Mentee aktiv vernetzt und eventuell sogar bei Veranstaltungen anderen Leuten vorstellt. Die Möglichkeiten sind vielfältig. Auch die Ziele des Mentorings sollte man konkret absprechen.

Empfehlungen

1. Bedeutung des Netzwerks

Ein starkes berufliches Netzwerk ist entscheidend für den beruflichen und akademischen Werdegang. Netzwerke spielen eine Schlüsselrolle bei Aufstiegschancen und beeinflussen den tatsächlichen Werdegang.

2. Qualität über Quantität

Es geht beim Netzwerken nicht um die Größe deines Netzwerks, sondern um die Qualität der Beziehungen zu den Kontakten. Der Wert eines Kontakts hängt von der richtigen Beziehungspflege, der Position des Kontakts in ihrem beruflichen Umfeld und deiner Herangehensweise ab.

3. Rolle von Kontakten

In meinem Werdegang waren einige Kontakte essenziell, so wurde zum Beispiel mein Vertrauensdozent auch mein Doktorvater. Ich habe kritische Situationen erfolgreich dank wichtiger Kontakte und MentorInnen aus vielen Branchen bewältigt.

4. Die vier Phasen

Netzwerke können durch Veranstaltungen, Stipendien und Alumninetzwerke sowohl digital als auch in Präsenz aufgebaut werden. Dabei ist es wichtig, den Kontakt aufzubauen, zu registrieren, zu pflegen und dann zu verwerten. Das nimmt Zeit in Anspruch. Dafür ermöglichen gut gepflegte Kontakte den Zugang zu Informationen, Bildungschancen und Mentoring.

5. Digitales Netzwerk

Digitales Netzwerken ist heutzutage unabdingbar und sollte früh gelernt werden. LinkedIn hat sich als zentrale Plattform für die Sichtbarkeit und den Aufbau beruflicher Kontakte herauskristallisiert. Digitale Netzwerke erfordern eine proaktive

Herangehensweise, authentische Vorstellung und das Teilen von persönlichen Erfahrungen.

6. Mentoring

Mentoringbeziehungen, sei es durch Stipendien oder eigene Initiativen, spielen eine fundamentale Rolle bei der Orientierung, Unterstützung und Karriereentwicklung. Diese entstehen entweder durch eigene Netzwerkpflege und Initiative oder über Mentoringprogramme. Keiner wurde als CEO geboren. Wir brauchen alle MentorInnen.

13. Abschluss

Ich habe über die Jahre viele Leute kennengelernt, weil ich mir aktiv ein Netzwerk aufbauen wollte und als Bildungsaufsteiger musste. Uns bleibt keine andere Wahl. Deswegen ist es wichtig, frühzeitig damit zu beginnen. So lernt man schnell, worauf es ankommt, und kann die Strategien bei den richtigen Personen systematisch und zielführend anwenden. Über die Jahre habe ich so in Präsenz und digital wertvolle Leute kennengelernt. Einer davon ist der Bezirksleiter der IG Metall Küste, Daniel Friedrich, den ich damals auf LinkedIn kontaktierte. In Vorbereitung auf dieses Buch habe ich ihn also angeschrieben und ihn gefragt, wie er heute seine Berufswahl treffen würde. Ich erwartete eine kurze Antwort per LinkedIn. Allerdings vereinbarte er mit mir in kurzer Zeit ein digitales Treffen, bei dem wir eine Stunde lang über diese Frage und viele andere Themen redeten. Wir denken immer, dass so erfolgreiche Leute keine Zeit oder keine Lust haben, sich mit jüngeren Aufsteigern zu beschäftigen. Das sieht Daniel Friedrich nicht so. Er versicherte mir, dass er die Persönlichkeiten von morgen aktiv unterstützen möchte und sich deswegen auch über meine Anfrage gefreut hat. Ich glaube, das trifft auf viele aktuelle Führungskräfte zu. Als Antwort auf meine Frage erklärte er, dass die Flexibilität der Qualifikationen heutzutage erstaunlich hoch ist. Die Fluktuation innerhalb der Branchen ist heutzutage viel höher als früher. Deswegen rät er uns, sich bei Karrierefragen immer vor Augen zu führen, was uns wirklich erfüllt. Es kommt darauf an, herauszufinden, wo die eigenen Stärken und Schwächen liegen und in welchen Tätigkeiten man sich am wohlsten fühlt. Denn Personen, die sich in ihrer Tätigkeit erfüllt fühlen, erzeugen für sich und die Gesellschaft am meisten Wert. Egal ob es sich um einen Gründer, eine Quereinsteigerin, einen Content Creator oder einen Consultant handelt, das Allerwichtigste ist die Frage nach der persönlichen Erfüllung.

Ein anderes Beispiel ist mein erfolgreicher Arbeitskollege und hochrangige Führungskraft Christoph Zammert, der mir auch bestätigt hat, dass wir heute noch nicht wissen, was die richtige Qualifikation von morgen ist und man grundsätzlich eine Flexibilität in der Qualifikation mitbringen muss. Ein selektiver Anpassungsprozess muss immer dabei sein.

Wir sind an dieser Stelle am Ende des Buches angekommen.

Ich hoffe auch, dass meine Botschaft angekommen ist: setze die Anregungen um und erlebe selbst, wie sie dich weiterbringen. Auch wenn nicht alles beim ersten Mal umsetzbar ist, versuche immer wieder anzusetzen. Den Marathonlauf gewinnt nur der, der immer wieder aufsteht und weitermacht.

An dieser Stelle möchte ich mich bei allen Beteiligten bedanken, die mich bei meinem Werdegang unterstützt haben. Ohne euch wäre das alles hier nicht möglich gewesen. Ich danke euch vom ganzen Herzen!

Meine letzten Worte an euch sind:

Siegen beginnt im Kopf und Erfolg ist kein Schicksal.

Nachwort Rahil Ansari:

Meiner Meinung nach ein absolut gelungenes Buch von einem aufstrebenden Talent wie Nuri, der in seinen jungen Jahren schon viel mehr erlebt hat als viele in Ihrer gesamten Karriere erleben dürfen. Die Gründe hierfür sind sicher mannigfaltig, daher würde ich dazu gerne etwas ausholen wollen.

Ich habe Nuri im Rahmen eines Fellowship Programms vor mehr als 10 Jahren kennenlernen dürfen und schon sehr früh bemerkt, dass er sehr wissbegierig ist, stets den Austausch sucht und sich Ratschläge holt. Oftmals ist das Problem ja bei jüngeren Generationen, dass dort Erwartungshaltung nicht mit der Realität zusammenpassen. Und ich spreche hier nicht vom Unterschied zwischen Gen X bis hin zu Gen Z, also vom schnellen Aufstieg bzw. Work-Life Balance etc. Nein, oftmals fehlt die Selbstreflexion, und das erschwert vieles. Bei Nuri ist es anders. Er ist ein sehr reflektierter Mensch, der sich über seine Stärken und Schwächen bewusst ist bzw. immer auch ein 360 Grad Feedback einholt, um stets mehr herauszuholen und sich in seiner Persönlichkeit weiter zu formen. Natürlich könnte er mit dem Buch sämtliche Klischees bedienen als Kind mit Migrationshintergrund, der sich in der sozialen Pyramide nach oben kämpft. Darum geht es aus meiner Sicht nicht nur. Vielmehr ist es ein Buch für jede junge Frau oder jeden jungen Mann, die Hilfestellung benötigen und Ratgeber suchen, sich aber dessen nicht bewusst sind, wie man das am besten anstellt. Der Grund hierfür liegt, wie Nuri ihn beschreibt, in der sozialen Kluft und der nichtexistierenden Chancengleichheit von Bildung und dem, was folgt. Nuri hat alle Erfahrungen in einem Buch zusammengefasst, praktisch vom Studium mit Stipendium bis hin zur Erarbeitung eines Netzwerkes und auch die Bedeutung erklärt, USPs zu schaffen. Das ist wichtig, insbesondere dann, wenn man einen anderen Hintergrund hat (ob sozial oder kulturell) und sich zunehmend beweisen muss bzw. nicht mit allen beim Rennen am Startblock steht sondern gerade noch in der Umkleide, weil man keine Schuhe hat.

Es ist herausragend, dass Nuri dieses Wissen teilen möchte, obwohl er selbst wohl noch am Anfang seiner Karriere steht und er selbst noch viele Türen öffnen muss. Ich denke auch, dass es ein Stück weit bei uns Migrationskindern in den Genen liegt, gerne zurückzugeben. Uns geht es nicht darum, dass andere keinen Erfolg haben sollen. Wir freuen uns zu sehen, wenn andere hart für Ihren Erfolg arbeiten und sich weiterentwickeln und andere an diesen Erfolgen teilhaben lassen. Es fühlt sich ein Stück wie eine erweiterte Fußballmannschaft an. Wir wollen ein Stück an die Gesellschaft zurückgeben, um mehr Menschen diesen Weg zu ermöglichen.

Ich kann die Leser nur dazu ermutigen, dieses Buch zu teilen, weiterzuempfehlen und auch gerne nochmals zu lesen.

Ich werde es definitiv tun!

Rahil Ansari
CEO and Chairman Volkswagen Group Taiwan Managing Director Audi Taiwan
Langjähriger Wegbegleiter